大展好書 好書大展

大展好書 好書大展

前言

各位在找房子時，以什麼為考慮重點？

重視隔間、內外裝潢、價錢、交通、周圍環境、風水地理……等等。

從生活資訊雜誌中，我們可以發現，介紹收藏技巧的專輯推陳出新，廣受大眾歡迎，有充足收藏場所的住家，才稱得上是理想住宅。

為什麼大眾總是對於物品收藏感到棘手？隨著家用品的增加，總有收藏櫃不足之憾，所以在尋找新居時，收藏設備便是重要條件之一。收藏櫃充足，不但房子好整理，看起來也舒服。

實際上，身為建築師的我，就是以充裕的收藏場所為設計重點。

我長時間研究並實踐風水地理之陽基論（陽宅），再三向大眾強調，風水陽宅地理之重要性，室內設計、家具均能左右人生之吉凶，不可無視其存在。本書則就「收藏威力」深入探討。

風水當中，生存時居住屋宅吉凶，能左右人的幸運度（陽基論），死後遺骨埋葬場所的位置，可以左右子孫的幸運度（陰宅論）。

換句話說，不論住家（陽基）或墓地（陰宅），都最好位於稱為龍脈的幸運區上。

但陽基與陰宅兩者均為吉相，造福子孫的風水理論，至目前為止，並不在日本，甚至世界各地通用。由於土地有限，土葬法並非人人可行，所以陰宅威力並不容易發揮。

難道現代人就不重視陰宅了嗎？不，陰宅威力變相存在於我們的陽宅中，我經過多年研究，終於找到答案，那就是住家物品收藏。

所謂收藏，就是將物品或思想「埋葬」之意，陰宅威力也能運用於陽宅，物品收藏也有吉凶，我們能利用正確收藏法獲得陰宅威力。

風水不認為埋葬代表死者滅亡，而是子孫從埋葬地得到大地之力。相同的道理，收藏物品也可以從收藏場所得到威力。

只不過，有些物品收藏於吉地可以開運，有些物品就不應該埋葬，亦即應該丟棄。自古以來，風水即教人「惡運之物捨於萬里之外」，由此可知，收藏場所及物品均是必須考慮的重點。

找出住宅的龍脈，巧妙地配置家具，即可獲得幸福。就像我之前再三強調的，西方黃色代表財運，東方紅色代表事業運，想要美麗的話，請在南方置一對觀葉植物等等。

這次，我要發表的是藉風水收藏開運。只要善於收藏，幸運即垂手可得。也許各位此時心存疑惑，覺得不太可能，但只要你堅定信心閱讀本書，一步步地照書中方法整理物品，必能享受意外效果。

下個星期日，取消休閒活動，依本書所述調整物品收藏位置吧！

一級建築師
工學博士　小林祥晃

目錄

第一章 帶來好運的收藏家具使用法

第二章　不讓幸運溜走的物品收藏法則

第三章　依物品別看好運之捨棄法與保留法

第四章　利用收藏達成願望

序章

改變收藏位置吸收陰宅威力、創造幸福

何謂「幸運區」

在閱讀本書之前，首先希望各位了解，住宅中也有龍脈。

龍脈即幸運的通道，亦即幸運區。風水地理這門環境學，是探究大地龍脈的學問，住宅蓋在龍脈上，是創造幸福的第一步。這是使宇宙成立的「氣」，一般肉眼無法看見。「氣」就像某種法則一樣，飄蕩在我們周圍，如果了解氣的法則，便能巧妙地利用氣之強大威力，創造幸運、掌握機會。

龍脈不僅存在大地中，亦存在於空中，空中之龍脈會影響住在高樓層的人，我們稱流通於住宅的龍脈為幸運區。

生活在位於幸運區中住宅的你，能吸收幸運之氣，而提升自己的運氣。

那麼，住宅的幸運區依何種法則流通呢？

幸運是從住宅之外流進住宅內的東西，就像我們人一樣，經過道路、大門而進入自己家的玄關。通往玄關的道路六公尺以上為理想，四公尺以下的道路很難讓幸運通過，在這種場合之下，就必須考慮到大門口應該寬敞，以及門扉

●幸運通道「幸運區」

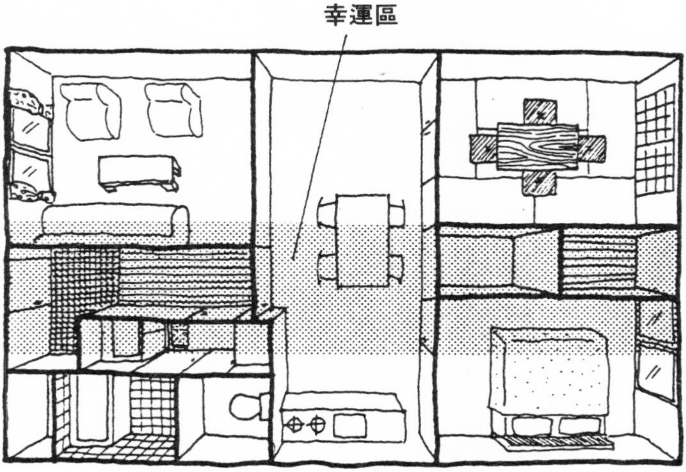

從玄關進入的氣到達房屋中央，
再向對面牆壁前進

連結，然後直線延伸即幸運區。

往玄關相對方向牆壁延伸的幸運氣，碰到牆壁之後，會再折回住宅中心，然後向四面八方擴散。像這樣，依玄關位置決定住宅的幸運區，另外依玄關方位決定合適的顏色。

幸運區有一定的寬幅，大致上以住宅寬幅（有玄關的牆寬）的三分之一為佳。

但像小套房般南北長的住宅，而玄關在北側的場合，幸運區無法到達對側，只到住宅中心附近就停止了，但由於幅度寬，所以幸運量不變。

為什麼呢？因為住在北半球的我們，受北方位磁力的吸引，由於磁氣向北方流，所以幸運之氣也向北方位牽引。

收藏方式影響陽宅的陰陽

幸運區遭到污染，或者放置垃圾等物品，會使家運降低，水、火等威力強的物品置於幸運區，也會影響家運，這是陽基論的基礎。

說得白話一點，就是「陰陽調和」的重要性，宇宙之構成，一切均以氣之平衡為主，也就是成立於陰陽平衡的前提之下。

但陰陽是相對觀念，相對於什麼是陰或陽，而不是本身絕對的性質。例如女性本身不是陰也不是陽，因為有「男性」的存在，所以「女性」是陰。「白晝」本身也非陽，而是相對於「夜」時為陽。換句話說，陰陽是相性問題。

我提倡活用風水法則的室內設計開運法，並傳授各位陽宅陰陽平衡的方法。「北方有浴室時，請利用粉紅色物品」、「廚房位於南方時，請放置光亮的觀葉植物」，諸如此方位、顏色配合達到陰陽平衡的目的。

好，現在我們還是開始進入主題吧！事實上，在幸運區上設置大型收納場所，對於住宅之陰陽會產生很大的影響。

幸運區上有廚房、浴廁等水、火威力強的物品，會使運氣低落，同樣地，在幸運區上設置汚穢收藏櫃，也會降低幸運威力。

反之，如果在幸運區上的收藏櫃為吉相，亦即整齊清潔，則可提高幸運威力。這是以風水的「陰宅論」為根據，經我多年研究才證實的「風水收藏」理論。

物品收藏為陰宅威力

風水地理的學問以「陽基論」及「陰宅論」二種思想組合而成。

人受居住地方影響為陽基論，我就是運用這種理論，提倡在室內設計上下工夫，以吸收風水威力，掌握幸運的開運法。

另一方面的陰宅論，講究的是人死後從墳墓保佑子孫。所謂的墳墓不是指墓石，而是指遺骨。昔日以土葬為主，遺體埋葬於吉地之後，朽化成為骨頭，此遺骨對子孫具有影響力。

比起陽基論，或許陰宅論比較難懂，藉改變生活環境而轉運是一種切膚之感，但感受到埋葬遺骨之處所放出來的威力，可就難了。

以前人不是常將「請祖先保佑……」掛在嘴邊嗎？即使現代掃墓時，依然會在墓前合掌行禮，那不僅是對故人的思念之情，也代表對吸收墓地發放出的威力表示感謝之意。

具體說明陰宅論，可以看看德川家康的例子。

依遺體下葬位於住宅哪一方位之不同，其發生威力的性質也不同。德川家康的遺骨位於日光東照宮，為江戶城的正北方。

北方位具有使上下服從關係強固的威力，德川家就因家康遺骨葬於正北方，而吸收絕對服從體制的強大威力，得以制服各大家。德川幕府持續十五代的背景，就是這股強大的陰宅威力。

著眼於這種陰宅威力也許可能轉換於物品收藏上，於是我開始研究風水收藏。就像人有氣一樣，物品，亦即收藏物品＝埋葬物品也有氣，既然如此，當然可以藉物品收藏場所、方位、方法、顏色……等要素改運。

收藏場所與幸運威力關係密切

風水收藏最重要的，並不是吸收飄蕩在住宅中的幸運威力，而是活用住宅的幸運威力，以提高本身的運氣為基本。

幸運之氣被破壞的最大原因，是位於幸運區上的收藏櫃不潔，因為疏於打掃、整頓，使得幸運威力降低或溜掉。例如：位於幸運區上的抽屜骯髒，則如同從天花板上掉落的塵埃一樣，會阻止幸運之氣前進。

請各位務必記住一點，幸運之氣喜歡整齊、清潔，如果通道不潔或有障礙物，則幸運之氣便悄悄溜走，收藏櫃正是如此左右住家運氣。

其次，各位也必須就大容量的收藏場所位於房屋哪一方位有所認識，其方位必須有適合的收藏品，才可藉物品提昇幸運威力。

另外，以房間為單位，一般而言，有抽屜的方位不要有窗戶，否則會降低此方位的運氣。在窗戶前面設置大衣櫃也一樣，會阻礙光源進入，影響此方位的威力。但現在不能改變房子隔間，也不能隨便移動抽屜位置，那該怎麼辦呢？

這時就得利用與其方位相性佳的收藏物品，達到陰陽平衡的目的。只要不收藏相性不佳的物品，即可吸收來自窗戶的光源威力。例如：東方沒有窗戶，不能讓朝陽射入屋內時，就可以在東方位的抽屜放置使東方洋溢威力的物品，這和在東方開窗具有相同效果。

更具體地說，假設房間北方位有抽屜，而且整齊清潔，沒有塵埃污染，則精神安定之「氣」垂手可得，這是因為北方具有使心靈平靜的威力。

反之，若北方位抽屜髒污，或放置不恰當物品，例如火爐，則精神必不得安寧。附帶一提，北方位抽屜放置與戀人相關之物，或和讀書有關的物品，以及粉紅、橘色物品為吉。

東方位有儲藏櫃，往往會使人失去朝氣，和對事物的意慾，因為東方有儲藏櫃，表示東方沒有窗戶，由於朝日無法進入，使得房屋威力下降。在這種場合下，適合收藏小孩子的玩具、運動器材、紅色及藍色物品，以提高東方活力。

南方位有櫃子也不太好，這時無法接受來自南方的日光照射，因此很難發揮美麗與才能。在這種狀況下，就必須放置照明器具或發出漂亮光芒的玻璃物品、化妝品、或白色及綠色物品，以提高南方威力。

西方位最適合收藏餐具、食品、黃色、粉紅色物品。只要西方位儲放之物整齊、清潔，必能提高財運。假設髒汚，則即使一時得金錢之賜，也終將化為烏有，白忙一場。

如何活用各方位威力

如上所述，依收藏物品方位之不同，可以左右你的運氣。

但到底該如何得知「方位」呢？此處簡單向各位介紹。

風水上所說的方位，不是以地圖上的北方為基準，而是指磁石所指的磁北，換句話說，就是以北極星方向為基準。因為風水配合地軸傾斜時的狀況，不可無視於地球大氣的存在。

知道方位最簡單的方法，是檢查太陽的位置。

太陽從東方升起，正午到達南方上空，接著往西下沉，由此看來，朝日上升的方位為東，正午十二時太陽所在位置為南，太陽下沉方位為西，南的相反方位就是北方。

當然，也不必太過神經質，只要記住「正午太陽位置為南」即可。

以下介紹各方位的威力性質。

風水將方位分為八等，各具不同氣質。

●**北**……男女之愛、性。信賴及家族愛。守秘。

●**東北**……亦即鬼門。具有移轉等變化威力。解決小孩煩惱的氣質。

●**東**……年輕、幹勁等向新事物挑戰的威力。具有成長性質。

●**東南**……人緣，尤其是結婚緣。關於信用、人際關係的重要方位。

●**南**……美、直覺。社交性的方位。也會影響教育、暴力、裁判等。

●**西南**……也稱「裡鬼門」。具有賢妻良母性質，善加利用可建立美滿家庭。除此之外，也會影響不動產運。

●**西**……具有和悅、快樂之性質。與男女會話或戀愛關係有關。對於生意、財運、婚姻也會造成大影響。

●**西北**……男性運氣之源。事業運、成功運、勝負運。維持年老威力之方位。

各方位作用大致如上所述，如果向反方向作用，則會產生反效果。

順應幸運威力的物品收藏重點

談論至此，我想各位已經明白活用幸運威力設置收藏場所的重要性了。

除了大型收藏櫃、抽屜等大收藏場所之外，還必須考慮各種書架、矮櫃等收藏家具的配置。

總而言之，設置方位、家具本身的顏色及素材，均必須配合收藏的相性，才能達到風水效果，否則則使運氣低落。

關於這一點，將從第一章開始說明，逐一介紹風水收藏的基本技巧。

如前所述，幸運威力從玄關開始，而依玄關位置之不同，幸運通道＝住家幸運區大致上已經決定。為了招來幸運，位於幸運區上的收藏櫃必須整理乾淨，以利幸運氣的流通。

另一種招運技巧也很簡單，就是將與玄關方位相性佳的物品，收藏在位於幸運區上的收藏櫃內。配合玄關方位，請從以下揭示聯想幸運物品，將幸運品置於幸運區上的收藏櫃。

● **北方玄關**……粉紅、橘色、水、星、冬

●**東北玄關**……白、山、箱、四角
●**東方玄關**……紅、青、音、電器用品、速度、春
●**東南玄關**……風、香味、木、花
●**南方玄關**……綠、植物、光芒、書、眼鏡、夏
●**西南玄關**……土、壺、碗、蔬菜
●**西方玄關**……黃色、茶色、食物、秋
●**西北玄關**……男性愛用品、神佛、祖先之物

例如，玄關在北方位，玄關裝飾海水畫，則在幸運區上的抽屜內放泳裝，像這種相關性物品，可以使效果更顯著。

總而言之，在幸運區上放置與玄關相性佳的物品，可加強幸運氣。

利用風水收藏改變氣威力的流向

從玄關進入的幸運威力，大大左右住宅的吉凶，另外，依方位之不同，各具有不同威力，這些均已經談過了。除此之外，家中還洋溢各種氣的威力。

首先，位於幸運區上的房間，房間入口會有細小的威力發生，這些小威力加上來自

玄關的大威力，形成雙重威力，這二種力量的流向也許往同一方向流，也許往反方向流，但不管怎麼說，這個位於幸運區上的房間，都是容易培育運氣的場所。

即使不是位於幸運區上的房間，也會有微量威力從房門口流入。從玄關進入，到達對側牆壁後，再往住宅中心返回的幸運威力，擴散至住宅的四面八方，這些威力會形成小威力從房間入口進入。

其次，從各房間窗戶也有極薄的威力進入，氣流性質與來自玄關的幸運威力一樣，換句話說，北側窗戶流入的幸運氣，只能到達住宅的正中央，而從其他方位窗戶流入的威力，向對角線牆壁前進後，返折至中心點。當然，每個方位的威力量均不變。

這些威力當中，最強作用者為由玄關進入的幸運氣，其次是由從幸運區上房間入口進入的威力，從窗戶進入的威力以及收藏發揮的威力幾乎一樣，最弱的是幸運區以外房間入口聚集的威力。

以上多種威力聚集、重複，並產生混合作用，影響整個屋子。

假設從玄關進入的威力為一，則從房間入口的威力為二分之一，從窗戶及收藏櫃來的威力為三分之一。但抽屜、衣櫃、整理架等收藏場所散佈在房屋的各處，如果將房間大收藏櫃分為三份，則應該產生和來自玄關幸運威力幾乎相等的威力作用。

另外，從住宅整體看房間的方位威力，這些威力視為別物，力的強弱與吉凶無關，左右幸運的是上述的「氣」威力。

以上敍述風水收藏的大綱，相信各位心中已經有概念了。以下第一章開始，就以風水與風水收藏的基本理論為基礎，逐一論述。

最後想向各位解釋的是，坊間雜誌介紹許多收藏技巧專欄，但均為有效率的整理方法，並非著眼於藉收藏招來好運。

本書則強調提高幸運度的風水收藏法，不但有效利用場所，還能掌握幸運，與一般雜誌的收藏專輯大異其趣，請各位區分清楚。

第一章
帶來好運的收藏家具使用法

所謂「收藏」，是以什麼物品放在什麼場所為著眼點。要實踐本書所述的「風水收藏」，首先應考慮到收藏家具、場所與房間的相性問題。

為什麼呢？因為實踐開運收藏，首先必須使物品「住所」為「好運」之處。

第一章就談論有關收藏家具、收藏場所的正確使用法。因為「開運風水收藏術」，從了解物品最佳居住位置為起點。

玄關

玄關是相當重要的空間。

例如在辦公室嘗了一肚子氣，這股氣一直帶到家裡，如果這時玄關的氣氛能抖落一身不愉快，則穢氣就不會帶進家中。

或者夫妻吵架，弄得一早心情就惡劣不堪，但當你踏出玄關後，就必須變換心情，不可以讓爭吵的陰影成為一日工作的障礙。

如上所述，玄關是變換心情的重要場所，為家的內外境界。

利用宇宙間滿佈的大氣威力開運，是風水開運的基本原則，和人的心情一樣，所有運氣都是經過玄關進入家裡。

為了使運氣平順，玄關必須隨時保持清新。地面散落鞋子、東西隨手亂丟的玄關，不但不受幸運之神眷顧，還會帶來惡運。

經常看到有人將高爾夫球具、小孩手提帶等放在玄關，這樣當然不好，休閒用品放在玄關，會影響居住者的事業運。

玄關本來就不是物品收藏場所。不少家庭將轎車停放在玄關處，這樣會阻礙氣的流通，一天至少將車開出去一次，使氣容易進入。

風水認為寬廣的玄關為吉，盡可能以住宅十分之一的面積為玄關。相同地，玄關大門也是愈大愈容易使氣進入，關得密密麻麻的門扉，只會把幸運擋在門外而已。另外也要重視照明。

◉鞋櫃

一般住家習慣脫鞋後進入屋內，不少人習慣隨腳脫下後就進屋，不知道將鞋子收好，鞋櫃是不可或缺的收藏家具，風水上視沒有鞋櫃的屋宅為凶。

風水本來就討厭骯髒，注意不要將戶外的泥土、髒東西就這麼穿進家裡，尤其應該清理乾淨後才放入鞋櫃，並且排整齊，如此可提高旅行運。

最近鞋櫃式樣也推陳出新，有矮櫃、及腰櫃、多層櫃，甚至有高及天花板的鞋櫃，基本上，鞋櫃愈大愈能開運。

一般以橫長置於家中最能開運，但如果玄關不夠寬，則反而會帶來負面作用。設置場所在大門的左右側。大門正面有鞋櫃，不利家運發展。右側鞋櫃上放置有格調的壺或

●從風水角度看玄關

玄關是區分內與外的境界線。如果不能在此轉換心情，將為日常生活或工作帶來障礙。

<不及格的玄關>

放置高爾夫球具等休閒器材與小孩書包的玄關不及格。休閒器材置於玄關會影響事業運及工作運。

不雕，左側的鞋櫃放金屬品。

我家的鞋櫃上放置陶器品，而且是與南方相性佳的綠色墨西哥石，再加上先前從一九九六年依干支而論開運的老鼠陶器。另外，玄關外放置一對觀葉植物，與陶器製傘架。當然，這些物品都必須隨時擦亮，不要讓它矇上塵埃了。

玄關也是代表一個家庭格調的場所，可以用小而高價之物或花裝飾，素材以木製或木紋製最佳。面對鏡子的鞋櫃，會使好不容易進入的運氣反彈，在風水上視為不吉。我曾受託為人設計玄關鏡，結果人氣不旺，屋宅愈來愈孤寂，這是一次失敗的教訓。

玄關位於鬼門的場合，採用白色鞋櫃最適合，由於鬼門最討厭骯髒，所以汚穢時最醒目的白色，反而容易保持乾淨。

西側玄關容易使錢流出去，應該採用高級感的厚重鞋櫃，如果門扉設計得俐落一點，更可提高運氣。

一般公寓最多的北側玄關，仍以白色系相性佳，流行的黑色鞋櫃會使玄關陰暗，降低運氣。

另外，由於玄關位置關係。有些人採用沒有門扉、將鞋子斜斜放入的鞋櫃，其實鞋櫃還是以有門扉為基本條件，這樣才能將鞋子隱藏起來。

如果因為玄關太小，放不下鞋櫃，或鞋櫃太小，放不下所有鞋子時，也可將多餘的鞋子移往他處，幸運區及玄關以外之處，原則上也以白櫃子為佳。

◎傘　架

玄關應該放傘架，素材不拘，但以吉相為目的，還是選擇陶製或金屬製有光澤者為佳。

傘架本來應該放在玄關外，以免將濕氣帶進家中，但現代公寓為了不阻礙公共通道，也只好放在玄關內。但希望一週拿到戶外一次。

◎衣帽架

在玄關脫下的不僅是鞋子，還有大衣、帽子等，既然玄關應該放置鞋櫃，則衣帽架也不可或缺，應該選擇高質感的衣帽架，以提高玄關氣氛。

如果家中因訪客少而落寞，或苦於丈夫、小孩晚歸，可以在衣帽架上掛白、黑、紫色的衣帽。另外，腰帶、領帶等細長物可促進人際關係。

●帶來好運的衣帽架

＜訪客多＞

掛白、黑、紫色物品

＜人際關係良好＞

在衣帽架上掛圍巾之類的細長物品，可以促進人際關係

◉拖鞋架

玄關不必放置拖鞋架，尤其是狹窄的玄關，反而會阻礙運氣進入。

拖鞋應該準備得比家人數還多，即使一個人生活，也應該準備客人穿的拖鞋，否則人緣遠去。另外還須考慮季節感。

寢室

寢室是培養整個家運氣的重要空間，風水認為運從寢室開始，藉著寢室吉相可以開啟幸運之道，因為人是在睡眠中吸收幸運之氣。

為什麼風水重視睡眠呢？想想睡眠時的姿勢應該就容易了解了。睡眠時，身體當然躺下，與天地呈平行狀態，換句話說，睡眠時是人與大地最緊密接合的時間，最容易吸收大地威力。

對於人口稠密的台灣居民而言，一般家庭的寢室不僅是睡眠之處，也是換衣服的場所，從上衣、裙、褲到手帕、內衣褲等，寢室可說是另一個儲藏室。

寢室兼更衣室的形態之下，收藏家具的擺設位置與方法，大大左右屋子的吉凶。

◉壁　櫥

不論是睡在床上或舖在地板上睡，寢室都一定有寢具收藏場所。

原來壁櫥是為了儲藏家庭財產所設計，當然不限於放寢具，但如果寢具和其他物品一起收藏，將會使運氣降低。

放寢具的壁櫥應該注意通風，收藏之前必須將寢具曬過太陽。有些家庭主婦習慣在壁櫥內舖報紙以吸收濕氣，並不理想。

另外，最近流行將寢具用真空袋收藏，從風水開運觀點來看，這並非好方法，因為膨鬆的寢具才能吸收幸運之氣，真空袋只是降低幸運之氣進入而已。

另外，位於幸運區上的壁櫥（或大型收藏櫃），會阻礙幸運氣流進入，應特別注意。而櫥子裡放滿不要的東西，或是沾滿塵埃，這都會使幸運大打折扣，櫥櫃必須常保清潔。

在打掃櫥櫃時，順便依玄關位置不同，放入幸運物品，以便幸運容易進入家中。幸運物品依玄關方位不同敍述如下：

- **東方**位玄關………紅色物品
- **東南方**位玄關……花色物品
- **南方**位玄關………綠色物品
- **西南方**位玄關……茶色物品
- **西方**位玄關………黃色物品

●使運氣溜走的壁櫥

利用真空袋收藏寢具會將幸運排除於外

●**西北方**位玄關……墨綠色物品
●**北方**位玄關……白色物品
●**東北方**位玄關……白色物品

◉衣　櫥

收藏衣物的家具，請放在西側或北側牆壁，這樣才能在上午享受陽光射入。

家具的素材與其講究光澤，不如選擇有美麗木紋的質材來得安定。例如美國產的木材製成之衣櫥，能給予東方位大地之氣。家具最好配合房間的氣氛，選用天然製品較佳。

◉創意家具

風水認為厚重家具才能留住運氣，從這層意義來看，組合式簡易家具並不具備開運效果。

衣櫥是衣服休息的地方，假使收藏在塑膠衣櫥裡，可以想像，衣服不久就失去威力。

也許現在家具愈來愈便宜，所以利用輕便型衣櫥的人減少了，這是可喜的現象。

◉古董家具

古董家具是經過嚴密製造歷經百年以上歲月的家具，這種家具殘留長期間的運氣。古董有其靈魂，存在以前使用者的氣，而這些氣不見得對你而言為吉，因此，在搬進屋宅之前，應該先用鹽水清潔。

古董家具周圍可以配置盆栽，花具有調合陰陽的效果，除了花之外，也可以畫盤裝飾。光是擺個古董家具，無法顯示其魅力。

至於新製的古董家具，只是仿古製品，並沒有殘留前人的運氣。

◉流線型家具

幾年前，流線型家具非常盛行，那時候，電視劇中的主角都生活在黑色家具圍繞的屋子裡。不知是剛好遇到經濟全盛期，黑色比較適合自己的格調，還是因黑色有沉穩的

●古董家具使用法

周圍放置花或畫盤等物，可達到陰陽調合的效果

效果，適合下班回家後的休息心情。

但從風水角度觀之，黑色家具並不能使房屋運氣提升，應盡量避免。

當然，家中有一點黑色家具並非絕對不可，在寬廣的房間北側牆壁放置黑色厚重衣櫥，然後將存摺擺在那兒，令人意外地財源滾進。

但例如地板是灰色、窗簾是灰與白混合色，而家具均統一為黑色，在黑色的台面上擺黑色電視……，這種房間一看就偏向一邊，從陰陽平衡的角度來看，缺乏陽的威力。如果住在房間的人本身不補充陽威力，則很難與房間達到平衡效果，因為自己的運氣都被房間吸走了。

在這舉一個例子。

我有一位大學同學，獨自一人生活在全黑裝潢的房子裡，有一次拜訪他時，他表示：「

工作太累了，希望回家後在沉穩的黑暗中休息。」我們都是建築系學生，他是位相當有才華、有品味的建築師，在同學當中也是最早出頭的，但達到某一境界後，他的才能就停止了。我在想，問題必定是出在那間黑色系的房子，將他傑出的威力都吸收光了。

◉穿衣鏡

香港商店街盡是鏡面高樓林立，提高冷房效果是理由之一，但另一項理由是，鏡子有除魔作用，能使外部的負面威力反彈。

香港的另一棟醒目大樓是鐮刀型建築的中國銀行大樓，這也是外牆貼鏡面的大樓，牆壁的另一邊是英國領事館。當這棟大樓剛蓋好的時候，當時領事因不明原因的疾病而倒下，繼任領事後來也因不明原因疾病倒下。事情到了這個地步，不信風水的領事館試著在受中國銀行大樓直射的位置掛一面大鏡子，結果領事的疾病立刻治癒。這是一則風水小插曲。

擔任除魔任務的鏡子，如果放錯位置，會使幸運也反彈出去。

風水稱「運在於妻」，運好的女性使一家興隆，因此，關於左右女性運的鏡子、化妝道具等配置，就不得不講究了。

蓋房子之前必須舉行上樑儀式，就是供奉女性用的鏡子及化妝道具，請神明守護這個家。

女性日常使用的鏡子即穿衣鏡，以前人稱為鏡台，這是能照出全身的鏡子，另外還有三面鏡，最近則流行在房內掛上一面大鏡子。

縱長鏡子從天花板到地板。縱代表陰陽，亦即使主從關係平順運行。如果希望丈夫與上司、屬下關係良好，可配置縱長鏡。

橫長代表朋友、同事、兄弟姊妹等橫向關係的圓滑。橫長鏡可以映出房屋全景，所以能同時看見房屋與自己，具有客觀看自己、使心沉著的作用。

將觀葉植物或繪畫配置在鏡子照射得到的場所，邊化妝邊欣賞也很好。

至於配置場所，四角鏡為東北側、圓型鏡為西側或北西側，心型等變化設計鏡子適合東側或東南側空間。南側空間不可以放置六十公分四方以上的大鏡子，因為鏡面向北，無法接受太陽光正面照射，不但無法吸收運氣，還會使運氣滑落。

鏡子不容易髒，所以維持清潔並不難，但至少應擺在照得到太陽之處。

另外，房間內配置幾面鏡子，的確可以使房間看起來大一點，但風水上並無理想設計，尤其鏡子相對，物體層層反映為不吉。

◉掛鈎

掛鈎不是好的收藏道具，雖然很方便，但最後很容易將隨手脫下的衣服都掛在這裡，徒沾灰塵而已，給人不精緻的印象。衣服最好還是收在有門扇的櫃子裡，才能達到休息的目的。

◉小箱櫃

小箱櫃的形、色、素材、設計均富變化，配置場所也不必特別講究，只要記住暗色箱櫃必須放在北側。以後買箱櫃時，盡量選擇自然材質，藤製品不僅與任何房間均可搭配，還能帶來好運。

◉更衣室

現在房屋設計都有一間主臥室，房內有一大間更衣室，寬度如果超過一坪半，就會使寢室變形，寢室的威力也會發生變化。

例如：寢室北方位有更衣室，則空間的中心位置會改變，而且因為北方有更衣室，所以通常沒有窗戶，如此一來，北方威力過強，吉凶極端呈現。

北方位影響人際關係甚鉅，正面作用導致友人增加，人際關係圓滑，負面作用造成與同事、朋友起糾紛。東方位有得到照顧的優點，卻有急躁的缺點。南方位有靈感湧現的優點，卻有夜晚難眠的缺點。西方位有儲存金錢的優點，卻有沉溺玩樂之害……等等，各方位均有正負作用。

正面作用當然不成問題，負面作用可就傷腦筋了。在這種場合之下，首先應該將更衣室打掃乾淨，然後更換照明，最後則配置方位別幸運物品。

- **東**……掛藍色系列洋裝、藍色小東西。
- **南**……掛綠色系列洋裝、門把磨亮、入口放置觀葉植物。
- **西**……掛黃色或茶色系列洋裝。
- **北**……掛白色或粉紅色系列洋裝、注意除濕。

◉和　室

現代和室並非統一使用和風式家具，其中也會摻雜一些洋風式家具。

有些家庭喜歡在榻榻米上舖毛毯，這在風水看來平衡度不佳，和室應該盡量以和風式家具提高氣氛，至少也應在感受性上求得平衡。

另外，有些人為了避免表面刮傷，所以在櫃子上蓋一塊布，這種方法也不算好，因為這種做法反而會使運氣低落。

風水學稱「和室在西方位」。雖然西方太陽有使土腐壞的威力，但和室均離地面有一段高度，具停止物品腐壞的作用。而且和室通常不設計窗戶，所以西方太陽應該不會射入。

◉金　庫

很高興現在設金庫的家庭增加了。因為蓄財之前應先有道具。

一般人將金庫設在寢室，其實不限於寢室，金庫最好設在北側，而且開門就可接受到南方太陽射入之處。暗靜的北方，具有培育財產的威力。

我家也將金庫設在北側，而且有好幾個金庫，因為我家屬於容易遭小偷的典型風水（南玄關、鬼門廚房）。搬家之後，便立即遭小偷，所幸沒有任何損失，這全賴正確配置之賜。

客廳

◉飾品櫃

餐具櫃或擺飾櫃盡量配置在北側或西側，陽光直射不到的位置為吉相。注意玻璃門應經常擦亮，以便增加運氣。

收藏品中有些是高價格的威士忌，有些家庭喜歡拿酒當裝飾品，與高級玻璃製品放在一起，但這有點沽名釣譽的感覺，勸各位還是不要如此炫耀。

因為配置的方法若在西側，容易飲酒過量。若在北側，容易因飲酒而起紛爭。酒類不應該收藏在矮櫃，而應收藏在高大櫃子裡。

◉雜誌架

雜誌、報紙隨手亂放的客廳，不但不美觀，還有礙風水。

客廳是表現家庭品格之處，沒有品格的家庭當然也無幸運可言。書報雜誌應該收藏在雜誌架內，才是美化客廳的第一步。

此外，雜誌架內塞得滿滿的現象，也缺乏家庭運，應該定期整理。

◉餐具櫃

餐具櫃除了放在廚房之外，許多家庭也擺在客廳。餐具櫃應配置在東或南方位。顏色、素材只要能使食器顯得美觀，什麼都可以，但一定要選用玻璃門，而且不用說，玻璃一定要保持光亮。高級餐具櫃的櫃內附有照明設備，像這樣以光照射餐具很不錯。

另外，餐具櫃是收藏容易損壞的細緻餐具處，必須選擇製造堅固的優良品，而且必須考慮到地震時不可有倒塌的危險。

◉壁櫃

基本上，壁櫃不是以收藏為目的，而是為了使屋子美觀，因此，不要將裡面塞得滿滿的。

廚房

風水認為，好運女人培育好運男人，更能養育好運小孩。以女性為主要活動場所的廚房，其對家庭的影響可說相當深遠。

◉冰　箱

冰箱是廚房收藏的代表選手。為了不使食品腐壞，冰箱內必須常保清潔。至少每週總檢查一次，將過期食物加以處理。

冰箱本來就是短期保鮮處，而非長期保存食品的場所。現代冷凍食品非常流行，因此，一般冰箱的冷凍庫也非常大，但必須注意，存放過多冷凍食品，會使陰力增加，使家運下滑。

理想冰箱設置方位是北側，冰箱具有水的威力，與北方相性佳。冰箱放在幸運區上，會使陰威力大肆發揮，請絕對避免。另外，西日曬到廚房，也會使冰箱內的食物容易腐壞，因為西方太陽具有使食物腐壞的威力。請不要一次買太多生鮮食品。

最近冰箱色彩豐富，但就運氣而言，還是以白色最無障礙。

你家冰箱是不是貼有預定表、每天菜色等備忘錄，或者是不是有小孩貼上自己喜歡的貼紙？這些在風水來說都不好，冰箱門應該保持原狀，不要有多餘的東西，請現在就將它拿下來。門是幸運的入口，多餘的物品只會阻擋幸運而已。

◉餐具、餐具架

配置在廚房的餐具架，最好在東側或南側，受太陽照射後，能使餐具汚穢處顯現。盡量選擇高級餐具架，以達到使餐具休息的效果。

同樣地，餐具也盡可能使用高級品，由於這是接觸嘴巴的東西，高級品能提高運氣，而且價值高，你才會更謹慎使用。

風水稱食器與寢具不可省，這些比貴重金屬類還重要，能提升運氣。

餐具架以收藏餐具為原則，不可連食品、調味料都放在一起。

◉吊　櫃

收藏在高處的場合，應避免重物或掉下後會損壞之物。最近將餐具收藏在吊櫃中的家庭增加了，不知是否女性平均身高增加之故。

吊櫃沒有什麼風水問題，但絕對應避免的是沒有門的櫃子，這種是最低運氣收藏法，對健康有害，乍看之下是活用空間的收藏法，事實上卻是使塵埃堆積在物品上的最笨方法。

◉全套化廚房

最近家庭多採用整套廚房設備，流理台、櫥櫃等配置均衡。不限於全套化廚房，所有廚房家具都以清潔為首要之道，而且火、水均須強烈。如果說水能消除吉凶作用，那就得重視顏色與素材了。

鬼門以白色最無障礙，能創造明亮的家庭。南方位以綠色系列提高財運、東南方位活用厚木紋可增進健康。西方位最好採用黃、粉色系，或者厚重的茶色系。西方或西北方位使用大理石，可提高廚房全體氣勢。鏡面製品雖豪華，但卻有弊害，閃閃發光的鏡面家具，往往不容易與磁磚協調。

◉調味料櫃

●留住運氣的垃圾箱

垃圾分類收藏箱可節省空間、提高效率，吉。

鹽、糖、味精、醬油……等調味品的收藏也應該留意。原則上，調味料收藏架與其他廚房家具顏色、素材配合即可，而且必須保持清潔。收藏處不潔，將無法從飲食中攝取好運。

調味料本來就很容易沾汚，所以最好定期更新，不要長期使用。

◉垃圾桶

廚房一定有垃圾，從臭味及衛生面考量，最好使用小型垃圾桶。

最好不要使用透明垃圾袋，因為如此則袋內污穢垃圾一覽無遺，是使運氣遠離的元凶。

垃圾應該每天清除，不要非得等垃圾裝滿，或發出臭味後才丟棄，以免幸運受阻。

◉地　窖

地窖在風水上而言不能稱為吉，因為與地面有一段差距，阻斷了運氣的流通。另一方面，混泥土的氣也會使收藏品生變。

至少不該在鬼門線上或正中線上設大型地窖，風水所謂的「大穴」是指六十公分以上四角形。

不用說，這當然是不容易保持衛生的場所，不僅濕氣高，還有蟲害之慮。

書房

為了提高事業運，書房是不可缺少的設備，為了考試達到水準，更不可沒有書房。

書房的吉方位在西北，但如果環境不許可，則任何方位均可。假使獨立書房設置有困難，至少也應該設置書桌、書櫃。

我曾經幫政界名人設計住宅，這時我將書房配置在南方位，南側是匯集周圍人氣的威力所在方位，對於政治人物而言，人氣是重要的財富。

為了丈夫、家人的目的，設置書房、書桌也有其風水術。簡單介紹，文書業在北或南、音樂及電腦相關業在東、買賣業在東南或西、建築業在西北或東北，風水威力宿於此。

◉書　桌

書桌盡可能大，以兩側有抽屜的木製品最理想，而且最好噴漆後出現光澤為佳，書桌的好壞也會影響小孩的素質。

配置場所在北側，因為北方位具有沉靜的特質，能夠使人冷靜判斷事物，書桌上擺設一盆花，可以提高向學心。

如果小孩的努力不容易反映在結果上，則將書桌置於東或南。

◉書　架

書架配置在書桌背面的左側或右側，如此可望成功。書桌正面擺上大批書本，容易使注意力不集中，應該避免。另外，書架與書桌的素材最好一致，顏色以深棕色最理想，能提高成功運。

◉組合櫃

經常被使用於兒童房的組合櫃，並非好的收藏家具，數個木箱堆積使用，也有倒塌之虞。

這種組合櫃雖然看起來空間大，但收藏效果卻不好，通常都是塞進一些物品後，上方就這麼空盪盪地留著，反而浪費空間。

其實，這種櫃子比較適合幼稚園教室使用，小孩一人一個收藏空間，在家裡就顯得不適合，既然不是艮好收藏器具，當然也留不住幸運。

◉AV機器、CD

最近學生好像不聽音樂就讀不下書似的，看看學生的讀書房間，CD唱片、卡帶、磁碟片散落得亂七八糟，這些東西一定得有個整理盒。

該以什麼法則整理呢？

通常音響是黑色，再加上黑色整理盒，容易產生陰威力，很難使幸運造訪。這時最好配置在東方位，以便陰陽調和，發光及發音物品，與東方威力相性佳。

◉錄影帶保管盒

家庭中一定有錄影帶，而且為數不少吧！這時收藏就是一大問題了。

基本上，錄影帶應離電視而放，這樣才不會讓電視光傷害帶子。另外，保存在黑暗陰涼的場所，可增強錄影帶本身的威力。換句話說，錄影帶收藏在房屋北側的黑盒內，是招來幸運的秘訣。

◉寫字檯

「嫁人時，除了婚禮家具之外，最希望帶什麼家具過去？」——大約二十年前，以未婚女性為對象，我設計了這項問卷。結果出乎意料之外，回答最多的答案竟然是「寫字檯」。

不過仔細想想也有道理。家庭主婦嫁到夫家後，往往沒有自己的寫字空間，小孩、丈夫都有讀書的場所，但主婦卻往往沒有自己的書桌，因此，絕大多數女性希望有寫字檯。

寫字檯可以開關，而且得附鎖，如此才能保存秘密，即使不是什麼特別的秘密，但當自己在寫信或記帳時，總是不喜歡別人看，這種唯一能讓主婦保有私人秘密的，就是寫字檯。

寫字檯最好是木製品，可以增進主婦的獨立心，以及對工作的意慾。

浴廁

廁所左右健康、浴室左右男女關係，二者均是相當重要的空間，浴廁本來就是濕氣聚集之處，談不上衛生，當然也不適合收藏，所以風水的原則是，不要放置必需物品以外的東西。

◉廁所

有人喜歡在廁所內掛吊架，放置一些物品，這種方式不太好，廁所並非收藏場所，在此收藏會使運氣低落。只要準備一、二個預備衛生紙即可。

我家的廁所在北方位，幸運色是白色、粉紅色，所以毛巾選擇白底、粉紅繡花，雖然價格高，但卻帶來身心舒暢的感覺，而且只要清洗乾淨，可以用比廉價品更長的時間。

●廁所不是儲藏室

設掛架或壁櫥的廁所，在風水上不能稱為吉相

◉洗臉台、脫衣處

當我判定住宅善惡之際，除了方位、地理風水之外，也重視洗臉台及脫衣處的空間，這個空間充裕的家庭，生活也豐富。

洗臉台、脫衣處堆放各式各樣的雜物，還有洗衣機使用的清潔劑等，有些人更將化妝品、保養品置於此，另外踏腳墊、置衣欄……等等，這個空間本身嚴如一個大收藏櫃。

由於此處濕氣重、窗戶小、通風不良、雜物多，如果不費點心，真是一塌糊塗。

如果洗臉台、脫衣處位於幸運區上，一定得隨時保持清潔，才能使幸運留住。善用手推車可使收藏具有效率，另外一定得徹底清除不需要的物品，才能使空間感覺清爽。

建議你利用浴室專用收藏架，將物品排放整齊，這種收藏架高度高，寬度適中，很好利用，舉凡毛巾、洗髮精、沐浴乳、乾淨內衣褲等均可置於此，還可區分髒衣服收藏區。

這些家具最好以白色為主，當然著眼點還是在於風水喜好。習慣在洗臉台化妝的人，請務必改掉這個習慣，洗臉台容易有汚物掉落，怎麼打扮得美呢？

◉浴　室

和廁所一樣，不要放置多餘的物品，沐浴乳、洗髮精、小椅子、清潔道具等就夠了。浴巾、擦手巾等最好放在太陽照得到的脫衣處。

我很喜歡質感好的毛巾，每次到美國等幸運方位出差，就會買一些回來，可說是毛巾使用量頻繁的家庭，看見洗好摺疊整齊的毛巾，心理就有說不出的暢快，好像煩惱也被洗掉了。

當然，應該準備各種顏色的毛巾，配合氣氛、方位使用。

不過我家的浴室是小孩們專用，我本身幾乎不用，因為北方位浴室不適合我，平常我都是使用自己辦公室的專用浴室。

收藏場所

◉屋頂夾層

物品不應該收藏在太高的地方——這一點本書已經敘述過了。但現在不少年輕人就是將屋頂夾層當做寢室使用，這樣會使婚期延遲，請盡量避免。實際上就有許多實例，這些人為婚姻沒有著落而煩惱，一問之下，原來他們就睡在屋頂夾層。

◉儲藏室

儲藏室不宜配置在太陽運行的方位，最好在西北、北、東北方位，此爲儲藏室的吉方位。這些方位儲藏室沒有太陽光直射，幽靜、黑暗，適合財物休息，是孕育財產的好方位。

◉倉　庫

在庭院等地建倉庫，應考慮到方位問題，方位影響家庭吉凶至鉅。

今後設置倉庫，請參考以下方位。

●一九九六年……北、東北、東、西南、西

●一九九七年……北、東北、東南、南、西北

●一九九八年……北、東、東南、南、西、西北

◉車　箱

不少人將車箱拿來當收藏物品的地方，高爾夫球用具、釣具、公司書籍……等等，車箱就是車箱，可暫時放物品，但不可當收藏場所，否則物品所具有的運氣將會喪失。

附帶一提，家人隱藏秘密的最佳場所，老實說就是車箱。如果妳發現丈夫、小孩的樣子怪怪的，請悄悄到車箱檢查看看，一定會有新發現。

◉車　庫

車庫就是車子休息的地方，與其舖混泥土，還不如維持原來土的風貌來得安定。不過泥土地下雨後泥濘滿地，很難打掃，這是缺點所在。

從方位別來看，北方位怎麼都不是適合收藏車子的環境，因為冷風、冷雨。枯葉容易進入。冬季為了不讓引擎受凍，車頭應先進入，夏季則相反，因為北風容易使引擎冷卻。由於沒有日光直射，所以必須輔助照明設備。另外，北方位具有冷靜處事的威力，但反而容易因太過謹慎而招事故，必須注意。

東方位車庫具有躍進的威力，但應慎防速度太快而導致危險。

南方位車庫有重視舊東西的傾向。東、南方位的車庫頂都不要太高。

西方位有話說使注意力分散的傾向，應特別注意駕車時精神集中。另外，西日照射會使水腐壞，應避免在桶子裡留水。

最近樓上車庫與地下室車庫增加，樓上車庫有安全上的顧慮，必須考慮斜坡問題。地下室車庫是使車子安心休息的好地方，但須擔心排水、換氣問題。

另外，車庫應該設工具箱，儲藏汽車使用品，一切以整齊清潔為原則。

◉辦公室、學校、娘家

住宅關係居住者運氣甚鉅，但辦公室、學校、娘家也與我們有密切關係。利用每天通勤的辦公室內辦公桌抽屜，收藏有效的開運物品，是得方位作用的一個好方法。或者在獨立之前生活的家庭，也可視為你的另一個住宅。學生則以學校為另一個家。

以下是從自宅看辦公室、學校、娘家方位，與應該收藏的開運物品。只要你依下列物品收藏，必可提高工作運（讀書運）。

●**北**……白、粉紅、橘、水、杯、酒、外遇照片、存摺、私房錢、黑領帶、黑襪子、白襯衫

●**東北**……寶石箱、木製鑰匙圈、車子鑰匙、不動產資訊、白領帶、白手套、錄影帶、小孩玩具、小時候用過的東西

●**東**……ＣＤ片、行動電話、錄影帶、紅領帶、時鐘、哨子、笛子

●**東南**……紅、青、藥、收音機、鉛筆、小刀、花領帶、傘

●**南**……原子筆、小幅畫、眼鏡、鞋子、鈕扣、領帶、太陽眼鏡

●**西南**……拖鞋、繪畫、布製品、壺、錢筒、坐墊
●**西**……酒、牙科診療單、點心類、錢、樹脂製品
●**西北**……與上司的合照、家人照片、獎狀、寺廟之物、布偶

第二章

不讓幸運溜走的物品收藏法則

　　基本的風水收藏著眼於幸運威力，原則是在住宅的幸運區上，收藏與幸運威力相性佳的物品，以達到掌握幸運的目的。

　　但實際上，礙於隔間或使用方便的關係，往往有無法依風水理想收藏之憾。所以第二章就藉著與每種物品相性佳的方位說明，列舉物品收藏法。

　　雖然無法收藏在正確場所，但只要依正確方位收藏，即可掌握運氣。

衣著

衣服必須隨季節而更換。當換季時，必須將上季衣服清洗乾淨、曬過太陽後，仔細地收藏在固定的位置，讓衣服得到充分休息。從洗衣店取回家的衣服，也應該掛好讓它休息。

◉西裝

依資料顯示，日本人最喜歡穿藏青色西裝，其次是藍、白、茶色。除此之外，每個人都必定擁有一套的是黑色西裝。

收藏西裝的時候，請特別注意顏色，從西向的右手邊開始，掛明色系列西裝，愈往左色愈深。

或者依「價格」順序收藏亦可，右手側為便宜品，愈往左愈高價。

如果將西裝當成工作服，則最好置放於房間西至北側方位，或收藏在位於幸運區上的衣櫃裡。日光照射能提高工作運，尤其放在東方位家具中的上班穿著衣服，可使工作

●「襯衫」收藏重點

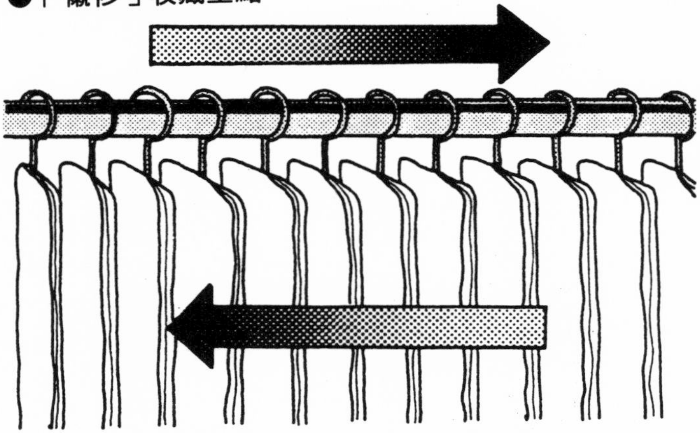

面向之右側起為明色襯衫，或左側起為高價襯衫

順利。

東方位最好收藏平常穿的衣服。例如，只有一個吊掛式衣櫃，由於隔間關係，無法不放在東方位的場合，便可將與東方位相性佳的顏色——紅、藍西裝吊掛在衣櫥的正中央，如此即可轉為吉相。同樣地，南方位為綠色系西裝、西南方位為茶色系西裝、西方位為黃或粉紅色西裝放在衣櫥中央位置。這是無視季節感的經常吊掛方法，白色西裝則可使一切方位均變為吉相。

從前人說：「西裝增加代表社會地位提高。」即使只有一件襯衫，但隨時變化西裝的男人，可說未來非常有前途。

我二十歲的時候，一直嚮往在英國商店做西裝，到了三十歲，終於到英國商店做了一套西裝，很可惜，現在體型改變，已經不能穿了，但我仍然將它掛在衣櫥裡，每當看見它，就想著，「我要加油！」各位朋友也可以在自己到達某種程度，或某個年齡時，送自己一套西裝，以示鼓勵。

◉外　套

不論長短、顏色、素材，一律收藏在北方位，如果無法收在北方位，則面向衣櫥掛在左側。

◉襯衫、罩衫

襯衫、罩衫原則上應收藏於專用場所，不適合與其他衣服一起收藏。當然，還沒洗過的不要混在一起，收藏在幸運區可導致生意上的成功。

收藏襯衫或罩衫的抽屜或架子，原則上以分幾層為理想，這樣才可以區分季節及顏色。

和西裝一樣，面朝向的右側為白色，往左顏色漸深，若分為上下段，則上層白色、下層深色。我的襯衫也是以抽屜分類收藏。

◉領　帶

領帶的收藏場所為衣櫥門內側掛架。理想方位是房間的西至北側，或位於幸運區上的衣櫥內。

有些人就掛在門把上，這樣不僅破壞美觀，風水也不好。

收藏在領帶架上時，禮儀場所用的黑色領帶在最裡面，愈上方放明亮色領帶。依品牌分類收藏也有規則性，這時也是從深至淺色。

我的領帶大約有四十條，分三處收藏。有二成是自己購買，其他則是別人送的禮物，我經常告訴朋友自己的幸運色，讀者不妨也養成告訴朋友、家人自己幸運色的習慣，如此當朋友想送你禮物時，便會挑屬於你的幸運色，讓你掌握幸運。

◉T恤、輕便服

T恤等輕便衣服請利用抽屜收藏。上層放明色、下層放深色為原則，當然，從右側至左側色澤漸深的順序原則也不變。

此外，還有依季節順序的收藏法。右側至左側依序為春、夏、秋、冬，或從上至下依序為春、夏、秋、冬。例如短袖T恤在抽屜的右側，長袖T恤在抽屜的左側，夏季服放上層，冬季服放下層，這種收藏法則也可應用於一切衣物。

◉內　衣

和人身體直接接觸的內衣，具有左右運氣的威力，原則上收藏在抽屜內，如果有專用置衣籃，擺在脫衣處也可以。

其中一個理由是，更換內衣大概都是在浴室，另外，還有風水理論根據。衣物的收藏家具應配置在房間或整個房屋的幸運區上，這項鐵則已經敍述過了，尤其是對於做生意的朋友而言，將襯衫、外套、西裝、領帶、休閒服等收藏在幸運區上，能帶來良好效果。

但只有內衣類並不適合放在幸運區上。重視風水的家庭應該依風水理論將衣櫥配置在幸運區上，這時，內衣就放在浴室脫衣處比較好。一般人總覺得將內衣類放在下層抽屜最合適，正好相反，應該放在容易拿取的腰部高度。

另外，當你到吉方位旅行時，一定要記得買內衣褲，這是掌握幸運的秘訣。（詳情請參閱『風水的奧義』大展出版社）

◉手帕、圍巾

圍巾應放在衣櫥的抽屜內，手帕可放在衣櫥內的整理盒中。相性佳的玄關方位，手帕是西北、圍巾是東南或西北。

手帕應洗乾淨、熨平、摺疊整齊後收藏，依季節不同準備數種手帕備用。

我有五種愛用的手帕顏色。綠色是畫設計畫時、白色是與人初次見面時使用等等，依場合、氣氛不同而攜帶不同顏色手帕。最近為了提高財運，也常常使用黃色手帕，其實我很想用可以提高愛情運的粉紅色手帕，可是太太不讓我用。

攜帶品

◉手提袋

風水視公事包、手提袋、皮包等為裝入幸運之物，應特別重視。

日常使用的手提袋，應該放在日照不到的西北或西、東北方位，使其得到充分休息。其他不常用的手提袋，則應擦拭乾淨後，用布袋包裹好，收藏在相同方位。

從與玄關方位的相性來看，大尺寸皮包適合北、東北、西北，小尺寸皮包，有品牌的收藏在南方位，其餘與東、東南相性佳。

此外，當你往好方位——西北、西、東北方面旅行時，記得買皮包回來，使用具備幸運威力的皮包，你即可掌握幸運。

◉錢　包

錢包以帶來金運的北方位最合適，絕對不要放在櫥房，以免被水、火強大威力所傷。

錢包的運氣壽命約三年，即使沒有重大損壞也應更新。顏色以黑、茶、紅、綠等可以帶來好運。尺寸以大而堅固者為吉。放錢的部分為黑色。

另外，帶著黃色錢包可以得到強大威力，但這最好是在西方位為吉方位時旅行購入為佳，不過一九九七年避免買錢包。北或西方位玄關的場合，一定得放在幸運區上。

◉鑰　匙

住家和汽車鑰匙放在和錢包相同場所（相性佳的玄關方位也和錢包一樣是北、西）。

一大串鑰匙用一個鑰圈束住，與幸運相性不佳，只要攜帶必備鑰匙即可。

◉筆記、名片夾

放在隨身皮包內即可，先前敘述的皮包吉方位或充分休息之意的北方位均佳。

◉眼　鏡

不少人因方便性，而將眼鏡放在枕邊睡覺，應該盡量放在眼鏡盒內，以恢復眼鏡消耗掉的威力。眼鏡與南、西北玄關相性佳。

眼睛近視不是很深，或數個眼鏡併用者，將眼鏡放在書桌上可以提高工作運。

女性可將眼鏡收在自己專用的寫字檯或化妝台。

家庭主婦若將眼鏡放在廚房桌上，可以提高整體家運。

不論放在什麼位置，原則上都必須裝在盒內。

髮型、化妝可以改變一個人，眼鏡對於面部的影響也相當大，當你感覺運氣不太好時，不妨試著換一副新眼鏡改運。

◉護身符

放在皮包內隨身攜帶，對自己有正面作用。

放在房間裡的場合，最好用布墊著置於西、西北、北方位。護身符不必在乎玄關的方位，與所有方位相性均合。

不需要時，請送回寺廟。

寶石、貴重金屬

風水中有藉寶石與貴重金屬開運的方法，請對照生年看幸運方位。

- **子、辰、甲**……正北
- **丑、巳、酉**……正北靠東
- **寅、午、戌**……東北
- **卯、未、亥**……正北靠西

寶石除大量擁有的場合外，應盡可能避免放在南方位，因為本來在大地內部培育的寶石，受日照太過劇烈，會失去原有光芒，而且南方太陽具有消耗物品的威力，所以除了你身上戴的寶石之外，應該收藏在容易積蓄威力的場所。

寶石適合北側方位，不論房間或起居室，原則上都以北方位為佳。收藏時應準備珠寶盒慎重收藏，而不是隨便放在盒內。

除此之外，西方位也不錯。基本上，化妝台應配置在北或西側的方位，寶石也收藏在此為宜。

另外，當妳自認為遇到幸運之神造訪時，可大膽地將寶石移至南方位。寶石所具有的光力與南方太陽強大威力融合，可使幸運達到最高點。這時候不是拿一、二樣寶石，而是將所有寶石擺飾在高級家具內，家具兩側擺觀葉植物，再用照明燈使光芒匯集，讓貴重寶石來一場絕美的演出。

此外，依玄關方位不同，造訪的運氣性質也不同。南玄關可得名聲、人氣，西北玄關可得長輩提拔，北玄關可蓄財。當然，均應收藏在幸運區上。

資產

風水稱，只有亮處沒有暗處的家貧乏。
現金、存摺、股票、印鑑等與財產有關的物品，都喜歡暗處。另一個理由是，沒有黑暗場所的房子＝狹窄的房子，風水不喜歡。
正如「北枕而眠能蓄財」這句話一樣，錢財類喜歡北方位，但並不是只放在北方就好。
想得財運的人，必須在住家西側適當場所配置黃色物品，以招來財運，錢財進入之後，再小心呵護它，儲存在北方位暗處。
北方位有寢室，對財產增加很有幫助，最好在寢室北側牆壁配置黑色系家具，將財產保存在其中，當然有金庫更好。
此外，利用銀行保險箱也是一個好方法，最好選擇位於吉方位的保險箱。

◉印　鑑

●「存摺」收藏場所

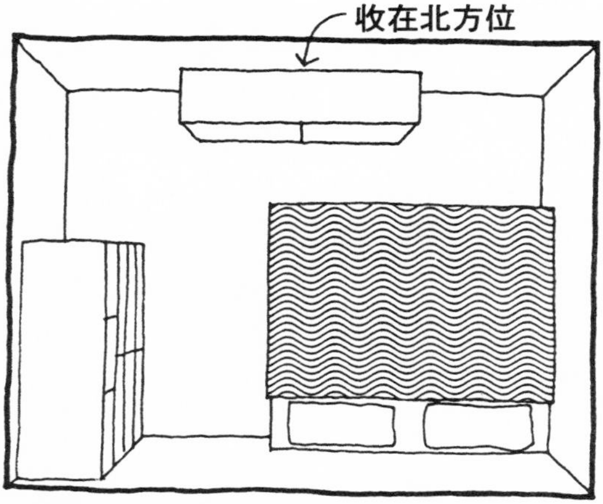

收在房間北側家具內。北方為暗處，適合存錢

財產放在金庫或黑色系家具中，但印鑑若有帽子，一定要取下，因為戴上帽子的印鑑，會讓人聯想頭被壓住的樣子，風水不視為吉相。另外，印鑑用過後一定得將印泥擦乾淨再收藏。

印鑑與北、東北玄關相性佳。

◉存摺

存摺請放置房間北側的家具內，另外再於存摺旁擺與銀行印象相近的小東西（例如，櫻花銀行則取淡粉紅色物、三菱銀行取紅色物），以提高運氣。

但如果銀行印象顏色是藍色時就得注意了。藍色令人聯想到水，絕對不可放置金魚缸等與水有關的東西，因為水會使財產流走。

存摺應收藏在專用保存袋中，再放入金庫或櫃子裡收藏，藉此提升存摺或印鑑的威力。相性佳的玄關方位是北與西。

◉股　票

從風水收藏的角度來看，股票與其說是投資的手段，不如說是開運的工具，即使是最小單位亦無妨，最好將它放在家中開運。

為什麼呢？因為股票一方面能使你的運氣上升，一方面能帶給你威力。

簡單說來，買美國公司的股票，能得東方運氣，因為美國在東方位。

以你住宅為基準，如果你想得東北方位運氣，就買位於北方位公司的股票，買入之後收藏在西方位，得到西方的威力。

姑且不論股票本身是否能衍生利益，至少這是讓你吸收那家公司威力的開運法，原則上相性佳的玄關方位是北、西北、南，但不必過份拘泥於此，請收藏在容易接受公司方位威力的場所。

另外，將股票放在金庫是再適當不過的了。

。

◉票證、文書類

登記簿等重要票證或文書類，不論北、西、西北、東北均吉。仍以置於金庫最妥當。

◉黃　金

風水認為擁有自己體重五％的黃金為吉。自古以來，風水就很重視黃金，請你也將黃金當做財產的一部分擁有，如此能得好運。

以六十公斤的體重而言，約擁有三公斤的黃金為幸運。當然必須是威力強大的純金才有用，一般鍍金沒效果。從價值方面考量，所費不貲，在此只是請你記得有這個開運法，不妨以它為努力目標吧！

玄關在南、西北、西方位的場合時，一定得放在幸運區上。

樂器、運動用品

◉口琴、笛子

只要有小孩的家庭，應該都有口琴和笛子。

口琴與笛子一般都放在書架上或旁邊書櫃。

從延伸小孩的音感、音樂才能方面而言，最好放在書桌東側的抽屜裡，假設東方位與幸運區重複，就更有效果了。

如果小孩讀書不專心，請確認書桌配置方位，書桌以北方位為吉相。

◉鋼　琴

搬家時，最麻煩的就是鋼琴了。

尤其是傳統鋼琴，份量重，必須考慮到隔音問題，地板也得再加強，一旦放置好之後，就很難移動，配置場所是一個大難題。

鋼琴是很纖細的樂器，最好避免配置在受日光直射之處，但為了提高演奏技術，請各位一定得考慮方位。東、東南或東北方位的空間，能使鋼琴本身運氣升高，使彈奏者發揮才能。

注意周圍不要放置熱源，例如空調、火爐等等。鋼琴與東、南玄關相性佳。

其他電子琴之類的鍵盤樂器也一樣。

◉吉　他

吉他應該收藏在吉他專用袋內，置於房間幸運區上或房邊為吉相。東、東南、西北方位玄關更佳。

純屬興趣者，東南為吉方位，如果想專攻吉他者，吉方位在西北。

◉體育用品

棒球、籃球、滑雪用具、高爾夫道具……各種運動用品，收藏在東南或東北方位，可增進運動才能。最重要的是置於幸運區上，如果玄關方位在西南、西北就更好了。

如果男性用品收藏在東北方位、女性用品收藏在東南方位最好，不僅能提升運動才能，還有促進人際關係的作用。希望小孩在運動方面能有不錯表現的家庭，也請利用此風水作用。

廚房用品

廚房是左右一個家庭健康運與財運的重要空間，而且會帶給在廚房工作的女性相當大的影響，既然是這麼重要的場所，方位威力就得注意了。

◉調理道具

鍋子等使用火的調理道具，不要就這麼擺著，應該收藏在櫃子裡。

經常看見有些廚房的鍋子吊在瓦斯爐正面的架子上，這樣不行，另外烤箱掛在牆壁上也不好，這也許是和飯館類似的廚具，但適合專業調理的場合，不見得適合一般家庭使用。

至於相性佳的玄關方位，耐熱玻璃鍋在南與東、銅製鍋在南與西北、鐵製鍋在西與西南。

◉菜刀、叉子、餐刀

菜刀是危險物品，不但亂放容易受傷，還會使金運下滑，一定要放在專用架上。刀、叉、湯匙等金屬製桌上用具，如果就這麼擺在桌上，家中將無訪客，用完之後一定要清洗乾淨，收藏在固定場所。

另外，金屬製光澤物品，是招來運氣的重要小道具，一定得勤於擦拭，不使其失去光澤。玄關方位以南方最佳。

◉餐具、玻璃器皿

餐具或玻璃器皿應該收藏在餐具櫃中，尤其是上等品或待客用品、酒杯等，可以放在餐廳或客廳的高級玻璃櫃中。

有些人將烘碗機拿來當食器收藏場所，其實這樣等於沒有收藏。

另外，玻璃製、陶製等發光餐具，必須注意不使其失去光澤，收藏在餐櫃中時，也請讓它展現最美的一面。高級品餐具、玻璃器皿與西北玄關相性佳，陶器為西南方位、玻璃製品為南方位。

◉刷子、洗碗精

刷子、洗碗精等廚房小用品，可以配置在三角吸盤上，盡量使用與廚房色調配合之物，尤其是位於北方位的廚房，使用粉紅、橘色系可提高運氣。

食品

◉米

從前人都將米存放在米缸裡，現代人大都選擇整套流理台設備，其中即有米櫃，而其設計多半在瓦斯爐或水槽下方。

對我們而言，米可說是最重要的糧食，風水學也視米為入口食物中最富價值之物。這麼有價值的食品，風水鐵則是不要放在水、火邊。這麼說起來，水槽下或瓦斯爐下就不是最佳收藏場所了，應該儘量與流理台分開，另外準備單體米櫃，保管在陰涼的場所。玄關在西北、西、西南時，一定要保存在幸運區。

◉瓶、罐、水壺

瓶瓶罐罐是廚房少不了的物品，一般都收藏在流理台下方專用櫃裡。但在隨處商店均可買到瓶罐物品的今天，家中實在沒有必要留太多這些東西。

現在不少家庭以喝礦泉水為主，這時候注意絕對不要放在南方位，靠近微波爐、瓦斯爐也不可以。因位南方具備火的威力，與水相性不佳，結果將導致小孩不讀書、丈夫不回家、焦躁、爭吵不斷等災難，家中可說沒有一天好過。

超過二十公升的水，就具有強大水威力，會和火起衝突。礦泉水的保存場所是陰涼、黑暗處，也就是北或東方位。

◉調味料

一般都將調味料配置在瓦斯爐周圍，以便烹飪時取用，但這樣容易被油沾污，一定得勤於擦拭才能提高運氣。為了調理美味飲食，至少應備五種調味料。

有關玄關方位，砂糖與西玄關相性佳，辛香料為南玄關、辣味東玄關、醬油北玄關。

將調味料的容器也要重平衡，鹽及砂糖等應裝入同形、同尺寸容器內。

◉酒　類

威士忌、白蘭地等洋酒，可儲藏於儲藏室，有清潔作用的日本酒，通常放在廚房。酒保存在酒桶中最理想，但如果沒有則應避免高溫、日射，使它在陰涼處休息。總而言之，酒精類以北方位為吉相，絕對不可放在西方位，否則會喪失發展慾。至於與玄關方位的相性，北玄關是日本酒及啤酒、西玄關是白酒與啤酒、東南及南玄關是白蘭地及威士忌，如此可提高運氣。

◉糖果餅乾類

糖果餅乾類的收藏場所，是廚房的櫃子裡，朋友送的土產應盡速食用，如果一直放在玄關，將會妨礙運氣進入。

日本類糖果餅乾與西北、東北玄關相性佳，蛋糕等西式點心則與西玄關相性佳。

玄關物品

◉鞋

風水認為帶有光澤的鞋子最好，皮革製品應擦亮，布製品應將污泥清乾淨。亮色鞋子放在鞋櫃的上層，暗色鞋子放下層；另外，輕便鞋放上層、厚重皮鞋放下層就ＯＫ了。

按季節分類收藏也是好方法，總之，按一定法則收藏，在風水來說才是吉相。不穿的鞋子不要讓它一直睡在鞋櫃裡，應盡快處理掉。

鞋子儘量自己花錢買優良品質物，也許有點虛榮，但別人給的鞋子一定不太合腳，而且穿著高品質鞋子，有助於本人掌握運氣。

◉鞋　把

很多家庭將鞋把與鞋子一起放在鞋櫃中，這樣有礙人際關係圓滑發展，最好盡快將

●「鞋」的收藏法則

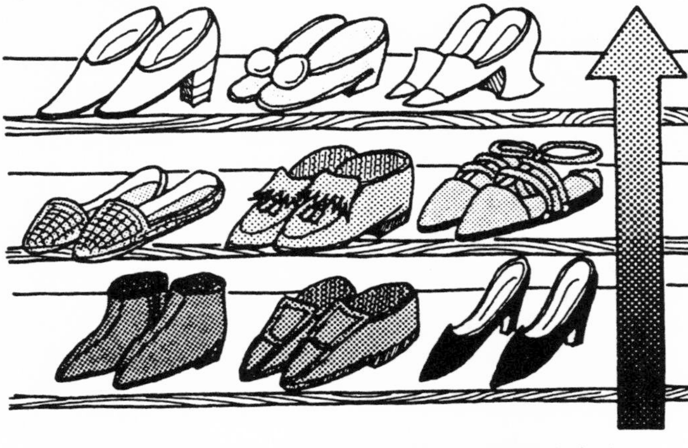

明色鞋放上層，也可以季節分類收藏，採取固定法則

其取出，和雨傘放在同一處。

當來客告辭時，主人通常會送至門口，這時請記得遞給客人一支鞋把，這樣不但能顯出主人的細心，還能代表一個家庭的品格。雖然是一樣小東西，但希望你用心挑選高級品。

◎傘

下雨天共撐一把傘，是人際關係的開始，傘具有帶來人緣的運氣，但反之，遮雨工具的傘，也有妨礙發展的負面運氣。

風水所謂的吉相傘，是指傳統性設計、顏色的傘，亦即男性是黑色大傘、女性是多彩多姿的花傘、小孩是黃色傘……。

一九九六年，傘屬於幸運物品，各位不妨挑選一支自己幸運色的傘。在此附帶一提，花紋在一九九六年能帶來幸運。

長傘、高級傘才能留住好運，折疊傘或一般粗雨傘都只是遮雨的用具而已，沒有開運效果。油紙傘具風水效果，當做玄關裝飾品也不錯。

乾燥的雨傘一直卷起來放在傘架中沒關係，但在梅雨季節，雨傘始終是濕答答的，如果就這樣放入傘架中就不可以了。

花色傘能提高戀愛運及結婚運，而手持長物步行，可以吸收他人目光，是招來人緣的風水相，女性持花陽傘更具效果。另外，因傘結的緣必須從玄關進入，所以傘架也很重要。

◉裝飾品

有些家庭會在鞋櫃上放動物標本當裝飾，對於幸運入口的玄關而言，這種做法並不理想。想想看，標本是動物的亡骸，不論是什麽動物，亡骸的緣由都不好。另外，像水牛角這種裝飾品也應避免，因為水牛角為尖形，會將幸運嚇跑了。

這些東西本來應專門收藏於一處，但正好缺乏相性佳的方位及收藏法，如果捨不得丟的話，可以收藏在從玄關看不見的陰暗處。

老實說，我也曾經收到朋友送的水牛角，而且不加思索地就將它掛在辦公室入口，後來父親訓示：「這種東西應該移到入口看不見之處。」於是我將其移往靠近洗手間位置，一直保留到現在。

其　他

◉化妝品

化妝品不會單獨放置，一定都是和鏡子擺在一起。原則上，化妝品的吉相必須與鏡子配合，具體而言，四角鏡放東北、圓形鏡放西或西北，至於其他變形鏡放東或東南，化妝品在這些方位與鏡子同時配置，當妳化妝時，一定更嬌美動人。

不過化妝品的威力非常強，所以即使無視鏡子的位置也可以，光是放化妝品就能提升其方位威力。至於玄關方位，與一切方位相性均佳，只要必須注意不要讓太陽光直射就可以了。

◉書籍、雜誌

愛書者，甚至有人滿屋子都是書，我本身也是為不斷增加的書籍整理所苦。看過的書，一定得做某種程度處分才行。

書籍放在日光不直射、通風佳的場所為吉相，最好有書房收藏。書房必須設書櫃或書架收藏書，按類別、作者別、版型別區分均可，一本本地規則排列。除了與工作、學問有關的書籍之外，也要有一點有趣的書。

但必須注意，不可擺一大堆雜誌類，否則家庭運無法向上。雜誌應定期清理。

如果你的小孩立志成為漫畫家，則可將書櫃配置在小孩房中央或西北位置，漫畫書放在這些書櫃中，可以使小孩發揮才能。

玄關位置以北或南為理想。

◉相　簿

「如果住家失火，你只能拿出一樣東西時，你會拿什麼？」

前幾天和三位小姐在電視台座談，席間，我提出這個問題，結果其中二位小姐回答

「拿自己小時候的照片」。

這種心情是可以了解的。

假設存摺、印章燒掉了，銀行電腦裡還是會有資料，仍然可以領錢。但小時候的照片燒掉了，就再也沒有第二次回憶的機會了，所以對每個人而言，照片都是非常珍貴的記錄。

你學生時代的照片在哪裡？大部分的人都收藏在櫃子裡。但這麼重要的物品，盡量放在家的中心，可以提升運氣。

除此之外，依收藏方位不同，可以使以前的威力復甦。

對於學生時代生龍活虎、意志風發感到自豪者，可將照片擺在北方位，因為北方代表智慧、學問。

對容姿有自信者為南方位。南方是姿勢超群的方位，將美麗容顏的照片放在南方位，妳將可吸收當時的美姿威力。

想挽回財運者為西方位。請將有錢時的照片放在西側。

運動健將請將照片收藏在元氣之源的東方位，即可使年輕活力甦醒。

另外，照片本身與所有玄關方位相性均佳。

◉信

靠信件維繫遠方愛情的情侶，應該將收到的信收藏在北方位。寫信時也以北方位為吉（亦即玄關位置在東南、南、西南為理想）。

或者向著另一半的居住方位也行，寫信時，坐在房間的北側，面向對方居住的方位即可，如此則二人心心相印到永遠。

◉花　瓶

收藏花瓶時，表面光滑的收在南方位，表面凹凸不平者收在西南方位。

另外，花可使方位轉為吉相，所以屋子裡絕對不能缺少花，配合花色、花形的花瓶也很重要。就玄關方位而言，與北、東北、東南玄關相性佳。

◉魚缸、鳥籠

養魚可以提高屋裡氣氛，但很可惜，沒有適合二十公升以上大魚缸的吉相方位。

北方水太多會產生精神寂寞、東方則無發展意慾、西方開銷大、南方爭吵不斷……

等情形。如果尊重風水威力，請不要嫌棄小魚缸，而且不要數個魚缸放一起，魚缸複數者請重新整理。

魚缸與北或西方位玄關家的幸運威力相性佳。玄關在北方位的場合，請收藏在玄關任何位置（玄關不夠大則在幸運區上）。西方位的場合，則收藏在從家宅中心點看東方位的幸運區上。

鳥籠以房屋出入口附近或房屋中心為吉相。風水視鳥籠為裝入幸運之物。

◉冷暖氣機

除了釘在牆上的空調之外，可移動的電熱爐、電風扇等冷暖氣設備，均應在季節結束時收藏起來，將塵埃清除乾淨後，放在家中的幸運區上。玄關在東、東南、西南、西的任何位置均佳。

這些器具不僅用來調節室溫，也可用來使屋內空氣流通。在風水盛行的香港，到處天花板上都可看見吊扇在轉動。從風水的角度來看，空氣流通、換氣良好是好風水的基本之道。

第三章 依物品別看好運之捨棄法與保留法

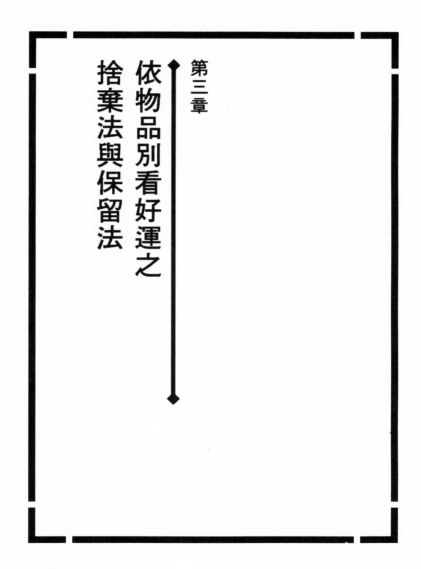

不要的東西就當捨棄——幾乎所有收藏術的書籍都這麼寫。但有紀念價值的物品、不佔空間的禮物等，你會就這麼乾脆地捨棄嗎？我想答案是否定的。事實上，有時你最重視的物品，就是不吉之物。

第三章就從開運風水觀點，談論物品取捨法，亦即為了掌握幸運而捨棄、為了開運而留下。當你不知如何取捨時，以「運氣好壞」為思考基準，問題就解決了。

◉開運收藏源於留下幸運物

一般人對於將自己的「寶物」請專家鑑定、評價，確定眞假及價值很有興趣。

現在日本電視就出現這類節目，製作單位到各個家庭尋找古物，並且請專家鑑定眞偽及價值，有些寶物所有人見價格不錯就將寶物出售。

請各位等一等，仔細思考看看，如果這項寶物一直跟著你，維持你的運氣，那你將它出售，不是太可惜了嗎？即使現在你得到大筆金錢，可是運氣卻從此滑落，不是得不償失嗎？

不論什麼物品都有運氣潛藏其中，這種運氣對你而言好或不好，完全視個案而定。也許對你而言好運的物品，對他人而言是惡運，當然，也有相反情況。例如我愛用的手錶一直帶給我好運，但送給你之後，就很難保證你也會得到同樣運氣。

或者也有這種情形。

你將家中的佛像拿到骨董店出售，也許你因得到金錢而滿足，但事實上，也許佛像本身的滿足程度比你的滿足程度更大。

或許佛像不想照顧你，正好你將它取出，使佛像能往別處去。

這麼說起來，物品的運氣端看與自己的相性，你必須冷靜思考這個物品對自己而言，是不是幸運物，如果結論是「這個物品不是為我而存在」，那就割愛吧！這是風水之說。

他人贈送之物、自己心愛之物、家裡祖傳之物……一切均有運氣，也與妳有某種相性，相性佳則留、相性惡則以某種方式處置（並非一定得丟棄）——這就是本章的主旨。

◉討厭的人送的禮物

任何人都有不喜歡的人、束手無策的人、個性不合的對象存在。你是不是有這種經驗，接受討厭的人送的禮物？

這種物品處理上還真傷腦筋，尤其如果對方是異性，而禮物為高價品就更麻煩了，留著心裡不高興，丟棄又覺捨不得。

事實上，禮物吉凶判定基本要看購買場所的方位，如果在你的吉方購買，也許能帶給你幸運。所以請在接受禮物時確認。

例如，他到夏威夷遊玩，帶回香水當禮物，而夏威夷對妳而言是吉方位，則這瓶香水能在人際關係方面帶給妳好運。

再假設他在巴黎買一只手錶送妳，手錶的形式並不適合妳，但巴黎對妳而言是吉方位，那就大膽地戴著吧！它能提升妳的工作運。

另外，觀察送禮者本身運氣好壞也很重要，運氣好的人送禮物，禮物當然也具有強運。

我大學畢業後二、三年，為一家庭設計屋宅，後來主人送我一尊大黑天銀像，我心想「太棒了！」回家後立刻造了一處佛堂供奉。之後，我的工作運不斷向上，一直到今天都還供奉在辦公室內，每日更換敬茶。托佛像之福，我得以如此平順。

總而言之，假設送禮者是你不喜歡的人，或者你不喜歡的禮品，但只要是購買吉方位，或者對方屬於強運之人，為了開運，你必須重視此物品。

如果你因單純的好惡感情而隨便捨棄物品或轉送他人，將是風水上的損失。

強運者的送禮，但購自凶方位時，該如何處置呢？先將它曬一天太陽，或者拿到吉方位使用，即可化解凶方位的運氣。

另外還有陰乾的秘法。就是在使用物品前，先放在吉方位房屋一天。這個方位適用於好運者購自凶方位的禮品，以及惡運者購自吉方位的禮品。衣服、領帶等配帶在身上的東西，必須拆掉包裝掛起來。珠寶等裝飾品，也應該拿出盒外，在吉方位房間曬，便

●消除禮物惡運的方法

＜方法1＞

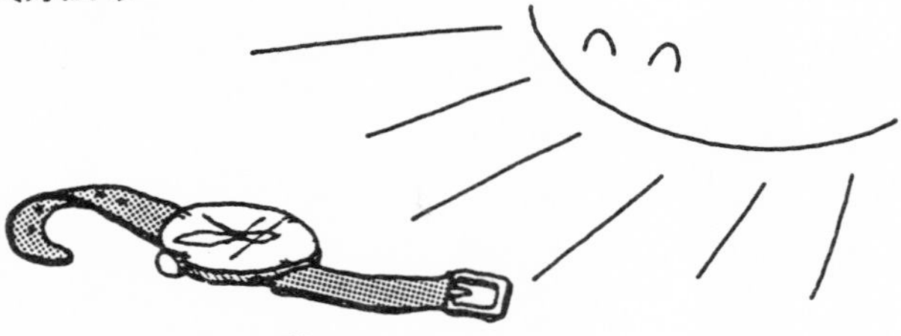

曬一天太陽

＜方法2＞

先帶往吉方位後再使用

＜方法3＞

在位於吉方位的房間放一天。衣服等必須將包裝拆下掛好，裝飾品類取出盒外接受日光。但這只適用於「穿戴在身上」的物品。

可趕走惡運。

以上方位基本上適用佩帶在身上之物。至於其他物品的場合，則可利用更改用途的方法，以轉化凶作用。例如，盤子本來是用來盛菜，但因購自凶方，所以將其裝水用來養花。

另外，食品禮物經過火烹煮後，即可將凶作用封住，即使可以生吃的食物，也最好煮過再吃，因為家中威力可透過火進入食物中，藉著強大威力消滅惡運。購於吉方位的食品，儘量吃原味（不經過烹煮），以吸收吉方位的運氣。

討厭對象購自凶方位的禮物，即使再高價，也不具開運作用，雖然有點捨不得，但還是勸你將它出售、轉讓、丟棄。

這樣的處理方式或許有點現實，但以開運收藏為基本，這也是不得已的動作。

◉喜歡對象贈送的禮物

收到自己喜歡的人，尤其是異性朋友贈送的禮物，不但心情舒暢，也會想盡辦法一直帶在身上，或者放在醒目之處。只不過，如果這樣禮物並非幸運之物時，該怎麼辦呢？

當購買方位不佳時，必須將它放在太陽照得到的位置一天，衣服、領帶等必須用衣架吊掛，放在吉方位房間的室內接受陽光，幸運色以外顏色物品，放在衣櫃左側套上衣袋收藏。

寶石、項鍊、戒指等手飾類，請經過太陽照射後，變成你的幸運之物，但遇重要場合（面試、大型會議等）才配戴，平常收在東南或南方位。

來自喜歡異性的禮物，能擺設的就將它擺出來，照片可以放在床頭櫃上、客廳櫃子裡、書桌正面等。高級裝飾品請配置在玄關、客廳、起居室或寢室的幸運區上，或西北、北方位。

照我的看法，得從自己喜歡對象的禮物，也得到他的運氣，這些運氣有好運氣也有壞運氣，所以接受者必須注意。

以我本身為例，當我在為人選購禮物時，就絕對會避開凶方位，對我而言是吉方位，但對對方而言是凶方位時，就絕對不買。這麼做並非表示我討厭對方，而是基於運氣第一的觀點。

◉自己喜歡異性贈送的禮物

得自喜歡異性的禮物，也就是現在不再交往的異性，從前送的禮品。

●喜歡的人贈送禮品之收藏

＜期望回憶無限的場所＞

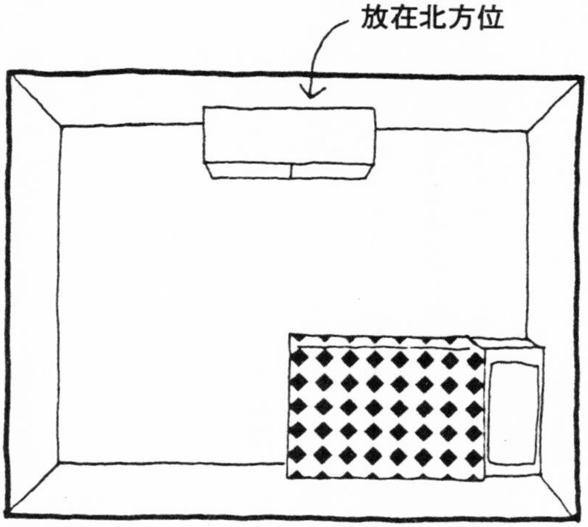

＜期待復合的場所＞

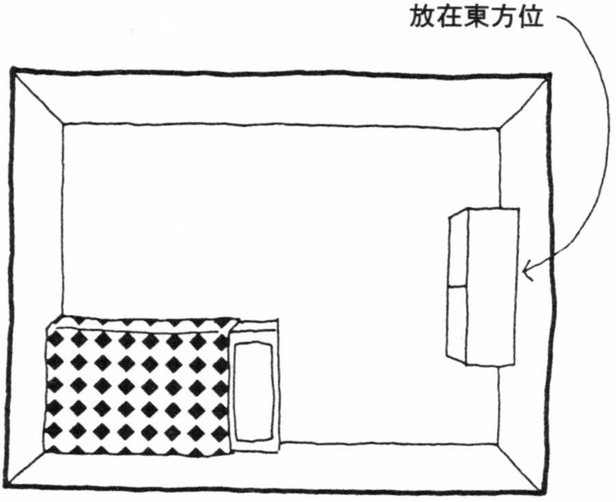

現在大方地擺出來沒關係，但如果對方結婚，或自己結婚，亦或有新戀人時，就得將它收起來。一般人通常就將它塞在不容易發現的櫃子裡，我有個朋友竟然將它藏在車箱內。昔日戀人贈送的禮物，收藏在北方位最佳，因爲北方位是保守秘密的場所，將物品收藏在北，當時回憶能在心底閃爍美麗光芒。

如果這項禮物是衣服時，應該掛在衣櫥左手側，或折疊後放在抽屜最內側。若禮物是寶石類，請用布包裹，和現在配戴的珠寶分開收藏。

如果希望昔日戀情重新復活，該怎麼收藏呢？請將禮物收藏在東方位，如此經過一段時間，昔日的他（她）一定會再來找你（妳）。

有些人想和以前的戀人從此切斷關係，這時候該以何種形式處分禮物呢？答案是不論何種形式均可。如果對方現在獲得大成功、成為傑出人士，則你也可以分享他的威力。

從風水陰宅論而言，將對方贈與禮物收藏在幸運區上＝埋葬，亦即「埋葬回憶」，則你也可以分享對方的幸運威力。

◉筆記類禮物

鋼筆、簽字筆、原子筆等文具用品，或日記、筆記是祝賀入學、就職的代表性禮物。昔日風水稱這些記載日常行動的禮物，可以博得對方的心。

例如你收到一本筆記本，用來記錄與日常生活有關的事項，每當你拿出這本筆記的時候，就會想到對方，不知不覺地，你的心已經偏向對方。因此，這類禮物對於擄獲異性的心很有效。

戀人或親人送的禮品當然沒問題，傷腦筋的是，收到自己不喜歡的人，或惡運者的禮品，就怕自己的心在不知不覺中也偏向對方了。

基本上，金色物對你而言是幸運物，風水很喜歡金色，不必要是真的金，只要有金色標誌、閃耀金色光芒之物，就不會對你產生負面作用。

如果你仍然感到不安，就請將之擺在寢室南側，接受正午時分的太陽光，當物品閃閃發光後，即可為你帶來幸運。

至於文具用品，當初我開始寫稿之時，即憧憬昔日作家使用的粗軸鋼筆，當時美國、墨西哥對我來說是大吉方位，但我認為墨西哥並沒有特別優良的鋼筆，所以並無積極尋訪。

幾年之後，有機會至墨西哥為汽車設計內裝，在那兒遇到一位家具設計公司老闆，他以一支粗鋼筆繪圖，我第一眼看見便不假思索地說：「這真是一支好筆。」沒想到對方聽了很高興，立刻表示：「既然小林先生喜歡，就送你當禮物。」

我使用這支筆寫的第一本書，非常暢銷，感謝之餘，第二次造訪時，我也回贈對方一支同型鋼筆，即所謂的「交換運氣」。（可參閱另著『室內擺設創好運』大展出版社）

◉上司贈送的物品

上司贈送的物品，處理上有些困難，像領帶、手帕等物品，又不能在日常隨便使用，有時還真的變成擺在那裡好看而已。

如果是你所討厭的上司，或惡運上司的贈品，就更糟糕了。若每位員工都是一樣的贈品，還沒什麼關係，但假設那項禮品是專為你一個人挑選的場合，就應先曬一天太陽再穿戴或使用。

收藏時，基本上絕不要和重要物品一起收藏，請放置在幸運區之外，盡可能放在辦公室的櫃子或抽屜內，以便公私分明。

◉具有精力與念力之物

揉合精力與念力之物，具體而言有佛像、繪畫、掛軸、書等古物，見形即思人。

所謂見形思人之物，即具有念力，這種物品若為親人並無太大問題，只是應該謹慎使用。

基本上，佛像、書畫等結緣物，請安置在幸運區之外的場所。佛像、佛畫等物，請供奉水或清酒，使其精力消除，如果你不善於此道，或不知如何對待，則最好送給寺廟。

這類禮品並非一定得接受不可。「我家沒有位置供奉……」不就可婉拒了嗎？不要勉強接受後又隨便丟棄它，以免惡緣纏身。

一旦你接受之後，就必須問明供奉方式，然後誠心對待，當然，你必須準備一處供奉場所，如果做不到，還是勸你拒絕對方的好意。

事實上，我以前就接受過一幅觀音畫像，那是出自金澤一位名家之子的作品，送給我當工作上的禮物。我並未深入考慮，就挑了一幅自己感覺不錯的觀音像（觀音菩薩坐在石頭上，手持柳枝的圖案，我名之為「宇都觀音」）。心裡也感到高興。

然而，仔細思考後發現，當時我家並無適合掛觀音像掛軸的空間，就這麼將掛軸捲起來放置櫃內很失禮，而且對觀音不敬。

於是，我將這幅觀音像轉贈給我所設計的一家名店主人，說明事情緣由之後，主人很爽快地答應了，並將觀音像掛在不會影響客人之處。

往後十年間，我每個月都會帶一些水果、餅乾、糖果前往供奉觀音菩薩，就好像這是我家的東西，請這家主人代為保管一樣，如果我不這麼做，不但失禮，心裡也倍感不安。

有精力、念力之物，必須補給能源，才能為你家帶來好運，換句話說，佛像就是吸收家運，然後付予這個家更強的好運。

◉肖像畫

肖像畫殘留畫中人物的念力，如果是自家祖先的肖像畫則無妨，你很容易陷入肖像人物所背負的運氣當中。

愈好的畫愈不可掛在陽光直射處，應該掛在暗處。為了抑制過強的念力，畫旁必須配鮮花，利用鮮花的威力抑制畫的念力，另外，利用照明照在肖像畫上的方法也不錯。

提到此讓我想及一件事。有人主張，被稱為名畫的歐洲繪畫作品愈向日本集中，日本的經濟就愈衰退。因為這些名畫是來自富翁之手的極奢侈品，畫的運氣幾乎喪失了，而且畫本身也要求我們肉眼看不見的威力，於是便吸收經濟能源。

在此附帶一提，我的辦公室掛有一幅地中海風景畫，這幅畫的用色為一九九六年的幸運色，圖案亦為幸運圖案，掛了這幅畫之後，我的工作成績直線上升，可說達到期待的效果。

◉家傳古物

請了解此古物的由來或性質，依結果決定適當收藏場所，如果無法得知傳家寶物的緣由時，也許就有必要請專家鑑定了。

但不論什麼物品，配置在幽靜、陰暗的北、西北、西方位之幸運區上，應該不會有什麼障礙，如果這三方位不在幸運區上時，就得找其他幸運區了。這時請放置在東或南方位，如果有佛壇的家庭，可將傳家寶物收藏在盒內，置於佛壇下方。

其次談對待方式，如果不知該如何對待家中有緣由的古物時，請供奉水。這樣能使心情穩定，空間感覺清爽，因為神佛等古物具有精力，可藉清水清洗乾淨，因此，持續供奉清水，應該就不會對你產生不良影響。

如上所述，再加上配置場所正確，即可帶給你正面威力。如果為配置場所而苦惱時，請選擇北、西北、西等運氣沉著的陰力方位，供奉水、下側舖白布或白木板當神佛的坐墊。

◉神社佛寺相關物品

向佛寺進香得到的感謝狀等與佛寺有關之物，請置於幸運區。

不想掛出來的物品，請慎重置於盒內，收藏在幸運區櫃子內。如果是可以用來當擺飾的物品，則置於幸運區上，以提升運氣。

◉令人感覺不舒服的物品

不喜歡的裝飾品或不吉相之物、宗教色彩濃之物品，雖然對贈送者毫無拒絕、排斥之意，但要將贈品擺出來，就是覺得不舒服。例如不喜歡狗的人，看到狗形裝飾品，總是怪怪的。

像這類物品，請用盒子裝好，收藏在幸運區之外，儘量放在北方陰暗場所，使之安定。

宗教色彩強烈之物，可向附近打聽該怎麼對待，或是交給神寺處理。

●「獎品」放在西北！

獎杯等不要藏在櫃子裡，應該置於住宅中最高位之西北。

◉獎狀、獎杯

公司保齡球大賽的獎杯、學生時代社團活動表現優良的獎狀……等等為證明你優良表現的獎品，應該放置在何處呢？

通常人覺得將它擺出來不好意思，所以多收在抽屜、櫃子中。如果你是這種人，請立刻取出來，將獎杯擦亮，將獎狀上的灰塵拍乾淨，然後大大方方地將其放在起居室、客廳或書房。

這時重要的是置於從房間中心看出的西北位置，風水稱獎勵品應置於西北方位。西北是住宅中的最高方位，正是榮譽物品的安置位置。

這些物品具有強烈幸運威力，應該常保清潔，一旦感受到得獎後運氣上昇，則立刻將它移至幸運區；反之，則移至幸運區外。重要回憶的獎勵品，裝飾於幸運區上容易得到運氣。

◉買錯的物品

相信每一個家庭都有這種買錯物品不知該放在何處的經驗。例如：流行一時的健康器材，買了之後才發現不如想像中好用，這類用品多為大型物，而且無法轉做其他用途。這時最好問問周圍朋友，有沒有人想要這項物品，與其丟棄，還不如贈與有緣人，如果找不到接手者，就置於垃圾旁讓需要的人取用吧！

◉收集品

不知是幸或不幸，我沒有收集的嗜好，但不少人有此興趣。對一般人而言無價值的物品，對某人而言卻是無價之物。如果你有收集物品的嗜好，請規劃一處專區供收集品擺設、收藏，如果沒有這份熱情，就談不上是真正的收藏者。

依對象物不同，吉方位也有異。原則上，書籍等印刷物在北、南、西、西北；郵票、錢幣在西或西北；動植物品在東或東南，人形在太陽照得到的東南或南，唱片、CD在東方位。當然，不可受到日光直射之物也必須加入考慮因素。

◉完成任務的電化製品

也許你家沒有微波爐或烤箱，但不可能沒有熱水器、瓦斯爐等具有火威力之物，也不可能沒有洗衣機、冰箱等具有水威力之物。

當你決定更換新品時，必須用鹽淸乾淨，供奉鹽、米、酒、水後再處置，以表示你對供應你生活便利的水、火之感謝。

有些人為了念舊，捨不得丟棄舊品，尤其是新婚時購買的物品。對於有回憶價值的電器用品，如果損壞後依然想收藏，以東方位最合適。請盡量避開南方位或北方位，以保平安。

◉不穿的衣服

不穿的衣服是不是被你壓在櫃子最下面呢？長久以來，它是不是一直躺在那兒休息呢？這樣會降低你其他衣服的運氣。

穿著某件衣服遇到挫折、交通事故、傷害等痛苦回憶的情形。應該盡速將這件衣服處理掉，如果因為價値高而捨不得丟，則也必須用布包好後放置在幸運區以外的場所。

其實有一些物品屬於「自己不能用，但他人可以用」（因爲舊了、髒了、不合適、已經太多……等因素所以不用），但如果將它轉給「其他人」使用，對雙方及物品而言均為有幸。

我經常收到領帶禮物，但有時並不見得適合自己使用，這時候，我便會將它送給喜歡它的朋友，讓這條領帶發揮功效。人與人之間有緣份，人與物之間也有緣份，某項物品與你無緣，不見得也與其他人無緣，如果你找不到適合的贈予對象，則可以考慮捐給慈善機構，這也是不錯的處理方法。

本書介紹利用物品運氣的開運法，但如果你對「與物品的緣份」這點不了解的話，即使你如何實踐風水理論都無法開運。光是拘泥於所謂的吉凶，並無法得到風水威力。

◉不再使用的小東西

我不會將皮包、零錢袋等物丟棄，重要之物均置於北方位收藏，偶爾取出回憶當時愛用時的情景。每當我往吉方位旅行時一定會買公事包，錢包也是每三年換一次，所以收藏了相當多……。

因為這個原因，所以我不知道這種隨身皮包、零錢袋的處理法，如果有哪一位讀者知道處理方式，請不吝指教。

好像也有人捨不得丟筆記本，筆記本通常是每年更換，實際上，上年度記載的事已經沒有用了，但如果想當回憶保留也可以。

眼鏡我是到處都放，自家、車上、幾個辦公室都有。看看報紙、訂正稿紙時，使用舊式度數不合的眼鏡也沒關係。與其將它丟掉，倒不如像我這樣，分別放置在幾個重要場所。

◉小孩畫的圖畫

你小時候畫的圖畫，或你的小孩畫的圖畫，應該擺在寢室東側牆上，小孩的畫洋溢夢與威力，尤其是運氣低落、喪失夢想的家庭，在寢室裝飾小孩圖畫，必可為家庭帶來活力。

附帶一提，希望小孩成績進步、身體健康者，請將舊教科書、作文、繪畫等收藏在幸運區上，收藏在小孩房更具效果。

◉學生時代的制服

雖然已經不穿了，但包含許多學生時代回憶的制服，請盡量謹慎保存。整理妥當後用衣架掛好，收藏在衣櫥最裡面、最左側位置。

「我有今日，都是那所學校的功勞」，對母校另有一份與衆不同的思念之情者，請保存在幸運區上，否則請保存在幸運區外。

另外，社團活動穿過的制服，也是清洗後收藏在北方位。帽子、球類等相關物品，可以和紀念品、獎杯、獎狀一起放置。

◉小孩玩具

小孩玩具請經常曬太陽，理由很簡單，因為陽光可以殺菌，具有消毒作用，尤其嬰幼兒拿了東西就想往嘴裡塞，更須保持乾淨。

小孩長大後不玩的玩具，請收藏在家中的東方位。天皇家稱皇太子為「東宮」，東代表使下一代興隆的方位。現在我們可藉著玩具之收藏，使玩具本身恢復威力，帶給小孩幸運之氣。但必須注意，偶爾要拿出來曬曬太陽、擦拭乾淨。

同樣地，如果你手邊還留有小時候的玩具，也請收藏在東方位，陪伴你成長的玩具，一定能再帶給你年幼時的威力。

第四章
利用收藏達成願望

第四章介紹達成願望的收藏法。這是利用風水威力，加上我以前提倡的『室內裝潢開運法』，藉由收藏物品而達成願望。

以下所述為理想的基本型，但房屋設計或方位與基本型忠實吻合，在現實上很難達成。請讀者了解風水法則，施行與自己相配合的風水術，並不忘參考前三章內容，實行收藏術。

但最重要的是，為了達成願望，你本身也必須加緊努力。

◉希望成功

「希望成功」等與工作有關的願望，首先必須先確定住宅玄關的方位。在玄關與幸運區二個場所配置適合其方位的幸運物品，即可得強大威力。應該收藏在寢室的物品，也因玄關方位而異。

〔北玄關的場合〕

●**玄關**……鞋櫃內收藏白色、粉紅色、橘色系列鞋子。傘架放置粉紅色或橘色花傘。這麼做的原因是提高北方位運氣。

●**幸運區上的收藏場所**……和玄關一樣，收藏白、粉紅、橘色當中任何一色物品，只要顏色配合即可，什麼物品都無所謂。

●**寢室**……為了提升工作實力，重點應放在專司成功運的西北方位。盡量在西北方位配置抽屜、衣櫥、收藏櫃等，將與工作有關的書籍、資料置於此，藉此提高實力，便可期待成功。這不限於北玄關的場合，而是所有方位共通的基本原則。

從北玄關進入的威力堅實、不浮華，能夠獲得好工作，但缺點是缺乏發展意慾、人

●希望成功①

北玄關的場合<寢室>

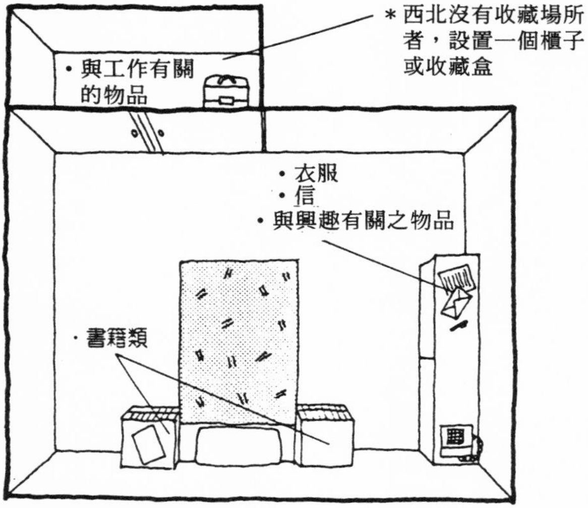

東玄關的場合<寢室>

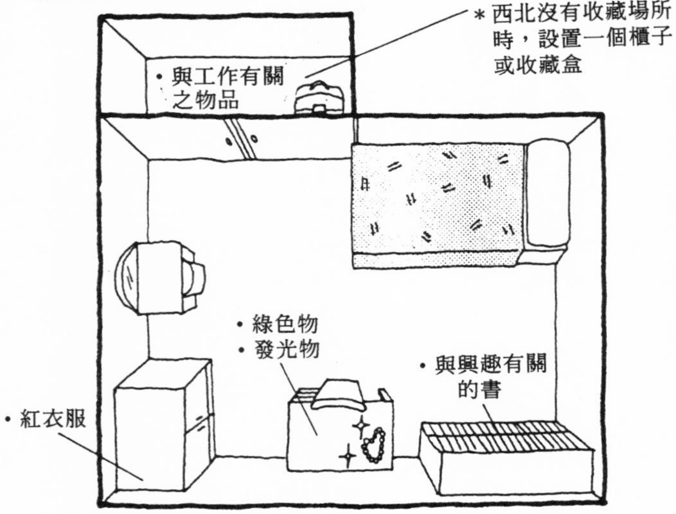

際關係擴展不開。雖然認真，卻不善交際，因此妨礙成功。

因此，你必須在與人結緣的東南方位，放置提高人際關係的物品，具體而言，有信、衣服（衣服是建立人際關係重要的物品，藉由衣著產生的印象，會使他人靠近或遠離）等物。另外，將有興趣之物擺在東南也具效果，雙方可以經由興趣相同的話題開始人際關係。除此之外，配置一具電話也很好。

還有很重要的一點，為了發揮才能，南枕而眠很重要，床頭櫃放自己喜歡的書，最好是與延伸自己才能有關的書籍。

〔東玄關的場合〕

●**玄關**……東方是充滿發展威力的方位，請在此方位配置象徵發展的電話，分機亦可。

從前日本風水注重將玄關設於東或東南方位，當電話不像今日這般普及的時代，往往一條街內只有二、三戶人家有電話，為了鄰人借電話方便，所以電話均配置在玄關，也許這是促進日本經濟發展的一大助力。

鞋櫃內請放置小孩鞋，沒有小孩的場合則放紅色鞋。鞋刷等用具置於紅色箱內，不管怎麼說，紅色為東玄關的幸運色。

●**幸運區上的收藏場所**……與玄關相同，只要紅色物品即可。

●**寢室**……仍然是在專司成功運的西北方位，收藏與工作有關之物品。來自東玄關的威力，能帶給你發展意慾，但缺點是沉靜不下來，因此，請將衣服收藏在西南側。另外，衣櫃內一定要擺紅色衣服。

書桌配置在南方位，南方位具有解決工作上苦惱、正確判斷事物之威力。抽屜內請放置綠色系列，或閃閃發光之物。

寢室東南盡可能置書架，擺一些和自己興趣有關的書籍，如此應可遇到能對自己提出適切建言的同事或朋友。一九九五年的場合，放置幸運色橘色裝訂本或與花相關書籍很有效。

〔南玄關的場合〕

●**玄關**……玄關外側放置綠色或有光澤之物品，應以一對為原則，例如：二盆植物。玄關內仍配置綠色或金屬等光亮物品，鞋櫃內最好放亮皮鞋子。

●**幸運區上的收藏場所**……放置綠色系列或發光物品，一定要成雙。

●希望成功②

南玄關的場合<寢室>

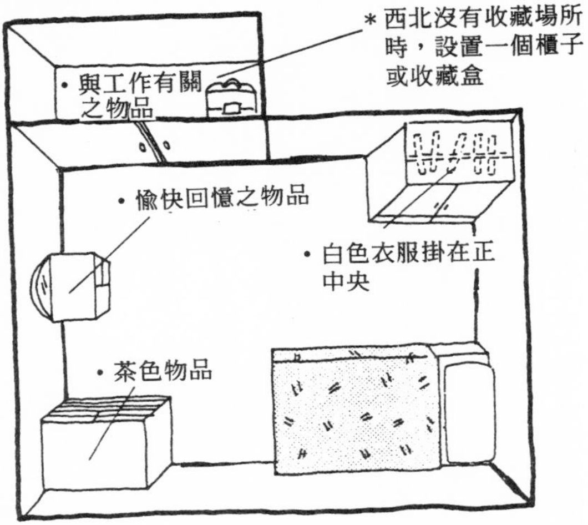

西玄關的場合<寢室>

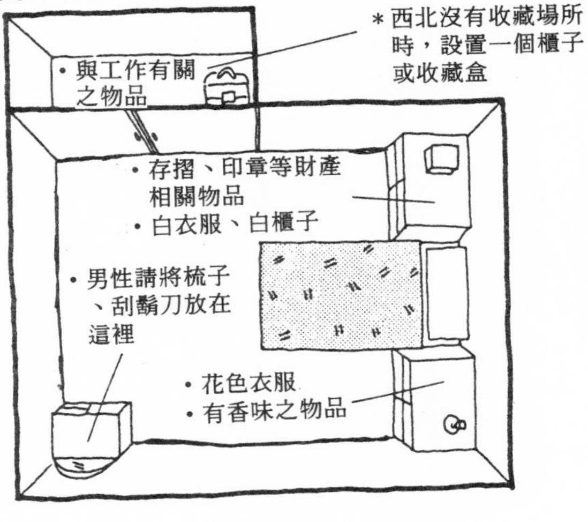

●**寢室**……西北放與工作有關係之物品，有利於邁向成功。有收藏櫃最好，如果沒有，也應該配置衣櫥、矮櫃等收藏櫃。

寢室西側化妝台。來自南玄關的威力，容易使居住者過於自我，雖然才能延伸，卻易招致周圍反感，為了化解這種危機，請在西方位放置具有協調性的化妝台，也可將友人贈品，或公司團體旅行購買的物品置於此，以提升人際關係。

為了增加做人柔和度，尤其是女性為了表現女人溫柔的一面，請東南枕而眠。衣服類放在東北方位的衣櫥裡，白色衣服掛正中央，由於東北（鬼門）帶來變化，可化解你工作上異動的凶運。

至於小東西，請放在西南方的整理櫃當中，茶色系物品可增強忍耐性。

〔西玄關的場合〕

●**玄關**……與西方位玄關相性佳的是茶色，鞋櫃裡請放茶色鞋子，若放置七雙茶色鞋更具效果。黃色傘也是邁向成功的好物品。

●**幸運區上的收藏場所**……收藏與玄關相呼應的茶色物品，可使幸運洋溢家中。

●**寢室**……西北方位收藏與工作有關的物品，因為西北威力左右成功運。

東枕而眠，以補西玄關朝氣之不足。
枕頭兩側放矮櫃，東北側放置存摺、印章等與財產有關的物品、白色衣服、白色盒子等，東南側放置花色衣服或古龍水等有香味之物。
另外，西南放置化妝台有助工作運之提升。男性請將梳子、刮鬍刀放在西南方位。

◉期待愛情、婚姻

這是提高愛情運、結婚運的收藏方法。但必須注意，風水結緣未必是良緣。
因玄關位置不同，寢室收藏物品也有如下之不同，但玄關、幸運區上收藏場所中的收藏物品與「期待成功」相同，請自行參考。

〔北玄關家的寢室〕

●**東北**……白、粉紅、茶色系列物品。格子花紋為吉。北玄關的特色是好不容易發展的戀情，咔—地一下就切斷了，所以應該放代表「連續」之意的細長條紋物品，以持續戀情。
此外，收藏頭巾、領巾、圍巾、長裙等長物品也不錯，因為長形物有「結緣」之意。概括而言，北玄關的女性母性本能強，重視代表「年輕男子」的東北方位，可以獲得比自己年輕的伴侶。

●東……東方具有發展威力，放置工作相關物品，以增加工作上與異性接觸的機會。

●東南……旅行物品為吉。另外，頭向東南睡眠為鐵則，因為東南專司愛情、婚姻緣。一九九六年南枕而眠亦為吉。

●西南……在此配置電視、音響、CD唱盤等發聲物品，以向自己挑戰。貴重金屬等物請放在黑色系抽屜內。北玄關的人不論男女，母性本能均強，結婚後必能過著幸福的日子。

結婚後的確可以建立美滿家庭，但在此之前，必須承受一些勞苦，原因在此欠缺表現自己魅力的能力，這時應該在象徵「賢妻良母」、「家庭」的西南方位放置有聲物品，向推銷自己挑戰。

●西……專司愛情運的西方位，請放置化妝台、鏡子、化妝品等物。北玄關的女性性格嚴謹、不誇張。但有時適度的誇張反而會帶來好運，故意將流行雜誌亂堆亂放，也是招來愛情運的秘訣。

〔東玄關家的寢室〕

●**北**……東玄關的人有欠缺沉著安定的缺點，所以北方位不要放吵雜印象之物，以配置衣櫥最佳。為了安定，必須放入黑色衣服。

●**東北**……容易熱、容易醒的人，但也有容易變換心情的長處。為了掌握新的愛情資訊，請在帶來變化的東北放置電視等發聲物品。

●**東南**……桌子、興趣相關物、衣服收藏處等。桌子可收藏食譜、化妝品、別針等物，當然不可缺少照明設備。頭睡東或南方。

●**西南**……為求安定，床舖配置在西南側，枕頭位置在東或南方位。

●**西**……在代表戀愛威力的西方位，放置女性愛用品，如化妝品、裝飾品等，黃色物為重點。

●**西北**……放置有蓋的大箱子，裡面擺貴重金屬或與金錢有關的物品。由於結婚須借助雙親之力，所以西北放置雙親給予的物品。

〔南玄關家的寢室〕

●**東北**……配置有抽屜的整理櫃，內裝與金錢有關之物或內衣。

●期待結婚①

北玄關的場合<寢室>

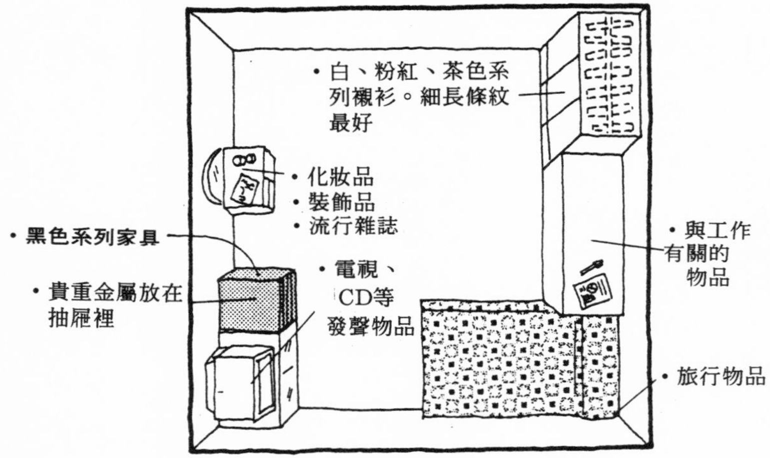

東玄關的場合<寢室>

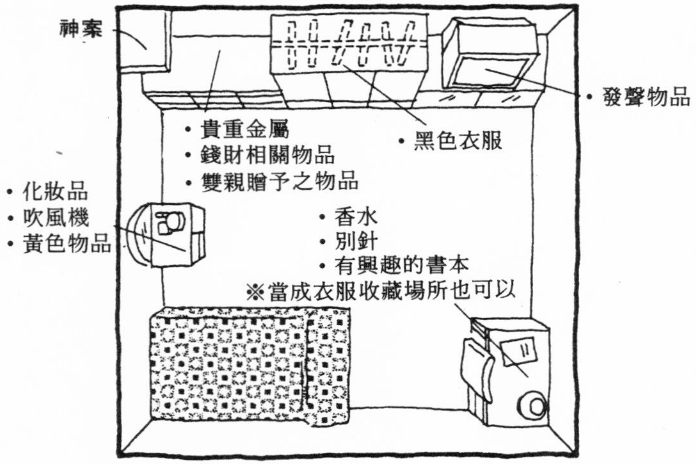

好。

●**東南**……東南枕而眠，可得婚姻緣。檯燈或你美麗笑容的照片也不錯，木製品最好。

●**西南**……配置書桌，放置與工作有關之物，或能提升教養力之物。南玄關者有憑直覺判斷事物的習慣，為了提升愛情運、結婚運，必須得到周圍的理解與協助，所以在西南方位配置書桌，放置與工作、教養相關之物品，以發揮對你的助力，當你被其他人誤解時，戀人也一定能了解你。

●**西**……放置表示愛情的化妝台、化妝品。西方是左右愛情運的重要方位。

●**西北～北**……想提升異性緣，讓對方了解自己堅強、沉著的一面很重要。因此，請在西北～北方位配置衣櫥，收藏平日衣著，面向的右側爲灰棕色、正中央綠色、左側茶色衣服，如此可得長上的人緣（公司上司或親戚）。希望與有錢人結婚者，請在英國風家具上裝飾音樂娃娃、貴重金屬。

〔西玄關家的寢室〕

●**北**……配置化妝台、裡面一定要放粉紅、橘色系列物品，西玄關者受人敬重，與任何人均可和平相處，但若以結婚為前提，就只能選擇一個人，在北方放置化妝台，能

●期待結婚②

南玄關的場合＜寢室＞

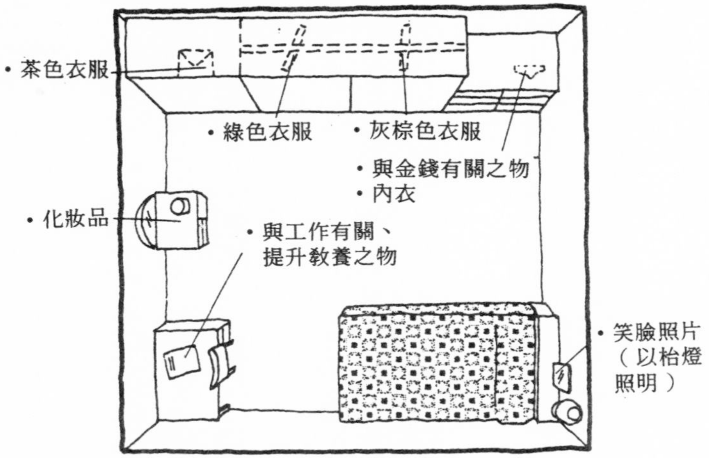

西玄關的場合＜寢室＞

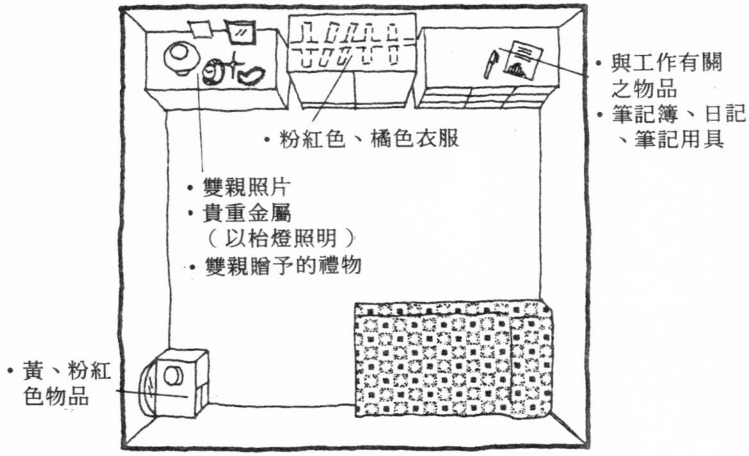

令你冷靜思考。

●**東北**……與工作有關的物品。具有八方美人之稱的你，有輕言承諾的壞毛病。在具「變化」威力的東北放置與工作有關的物品，可改變對工作的態度，因此使異性接近。放白色筆記、日記、筆亦吉。

●**東南**……頭朝專司緣份的東南而眠。

●**西南**……配置衣櫥，衣櫥的正中央放置黃色與粉紅色衣服。

●**西北**……放雙親照片、禮物等與雙親有關之物，如此，則在談戀愛或結婚時，即可期待雙親暗中助力。另外，在此方位裝飾貴重金屬也具有效果，利用檯燈照明增加氣氛，即可經人介紹結識好對象。

◉希望小孩誕生

真希望有個小孩，但是……。

世上有此煩惱的夫婦不在少數。雙方均無醫學上的問題，但就是始終沒有消息，這時候，大概就是風水上的障礙了。

請立刻從住宅中心檢查北、東北、西南三方位，看看這三個方位是不是有玄關或水場（浴室、廁所、廚房等等）。

北方支配「子寶」、東北支配「繼承」、西南支配「母親」，如果這三方位有水場或玄關，則其所支配之運氣低落。一旦三方位中有二方位是玄關或水場，很可惜，這是難得子嗣的地理，此時請依下述風水收藏術，調整方位平衡。

〔北玄關的場合〕

將與北方相性佳的粉紅色、橘色系列物品置於玄關，吸收「子寶」運氣。

〔東北玄關的場合〕

請將白鞋、白傘、白盒子、白毛巾等白色物品置於玄關，藉此吸收「繼承」運氣。

〔西南玄關的場合〕

鞋櫃裡收藏茶、黃、墨綠、綠色系列鞋子，以提高「母親」威力。

〔北、東北、西南有水場的場合〕

●希望小孩誕生＜寢室＞

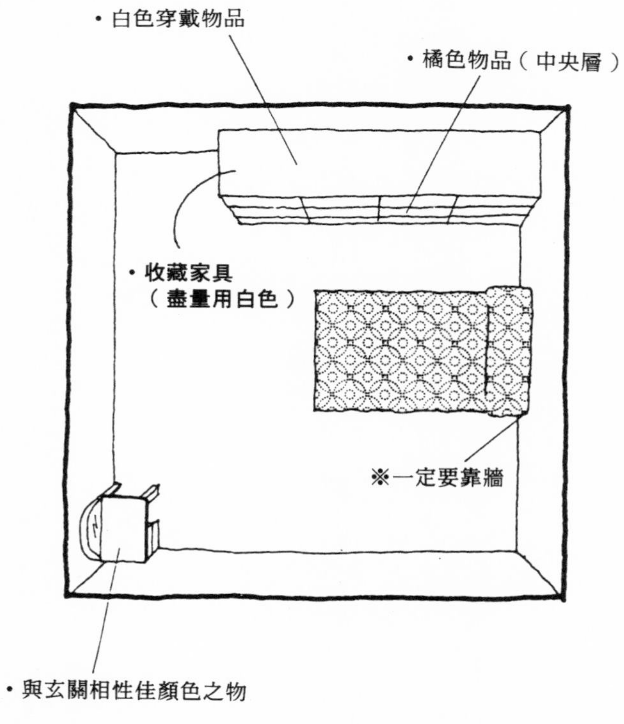
・白色穿戴物品
・橘色物品（中央層）
・收藏家具
（盡量用白色）
※一定要靠牆
・與玄關相性佳顏色之物

與玄關一樣，配置、收藏與方位相性佳之物品，以求得整體平衡。不論什麼物品都無所謂，廚房擺廚房必備的小東西、浴廁擺浴廁必備的小東西。相性佳的顏色如下所述。

●**北**……粉紅、橘。

●**東北**……白。

●**西南**……茶、黃、墨綠、綠。

〔易得子嗣的寢室〕

如上處置之後，接著檢查寢室。

首先，東枕而眠為鐵則，床舖靠東方位牆壁，北側一定要配置大型收藏家具，正中央收藏橘色物品。假設北側有窗戶，無法放置大型家具時，則請掛橘色窗簾，窗上以石榴畫裝飾。

東北側所擺設的家具以白色最佳，裡面物品也以白色為主。

西南配置化妝台，周圍放置與玄關方位相性佳的物品。

◉期待健康

●期待健康

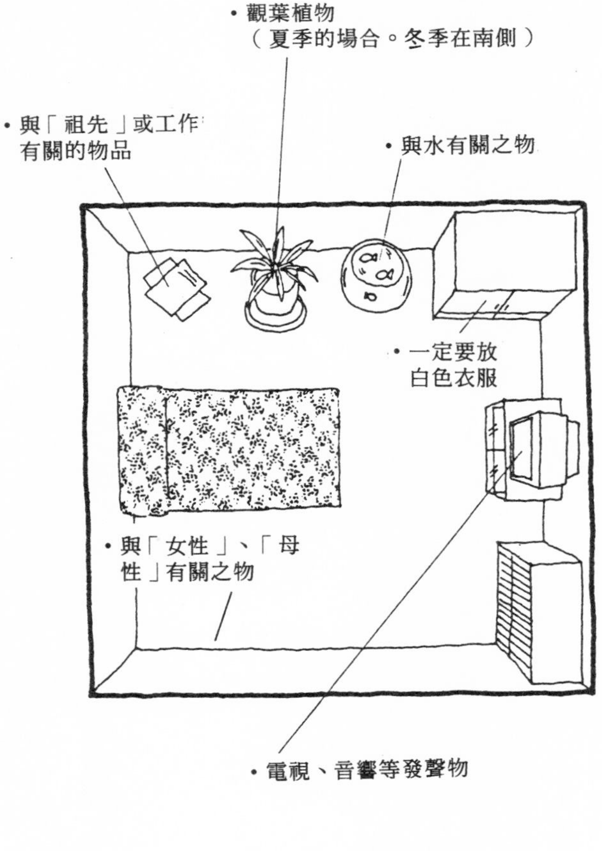
• 觀葉植物
（夏季的場合。冬季在南側）
• 與「祖先」或工作
有關的物品
• 與水有關之物
• 一定要放
白色衣服
• 與「女性」、「母
性」有關之物
• 電視、音響等發聲物

健康的基本為飲食與睡眠，能沉睡的人自然不會生病。

風水稱健康的秘訣是「東食西眠」，亦即以廚房、餐廳在東側、寢室在西側為理想住宅。只不過，現在的住宅要大幅調整並不是那麼容易。

因此，餐具、食品等與飲食生活有關的物品，就收藏在以家中心點來看的東側。棉被、枕頭、睡衣等寢具則置於西側。

為了沉睡，西枕而眠是最好的，睡眠時保持寢室黑暗很重要。

以下列舉以快眠為目的的寢室各方位收藏、配置的物品。

●**北**……泳衣、金魚缸、海水畫等與「水」有關的物品。

●**東北**……白色衣服。

●**東**……電視、音響等發聲物品。

●**東南**……書籍類。

●**西南**……與「女性」或「母親」有關之物品。

●**西北**……與「祖先」有關之物、公司或工作方面的物品。

冬季在房間南側、夏天在房間北側擺一公尺左右高度的觀葉植物，可調和室溫、濕度平衡，達到快眠效果。用一個大碗盛水置於寢室北側，這是健康的秘訣，請務必一試。

◉期待財運

財運的基本條件，我想各位都了解了吧！對！就是「西邊黃色」。財運從西方位而來，提高西方位運氣的就是黃色，因此寢室西側一定要配置黃色物品。

深黃色比淡黃色來得有效，檯燈請利用黃色燈罩，化妝台上也放一盒黃色面紙。

第二項基本條件是「財產置於北方位」。金錢最喜歡黑暗的北方，金錢放在北方可得沉著安定。以現金為首，存摺、印章、寶石類等財產，或與其有關之物品，均收藏於北方位為鐵則。當然，金融資產收藏在金庫最妥當。另外，北枕而眠也有效果。

除此之外，提高財運、儲蓄財產，請依下列配置、收藏。

●**東北**……衣櫥、白盒子、書籍、男性物品、白襯衫。
●**東南**……植物、有美感的小東西、個人電腦、文字處理機。
●**南**……電視、雜誌。
●**西南**……衣櫃、女性物品、茶色系皮包、茶色系衣服。

●期待財運<寢室>

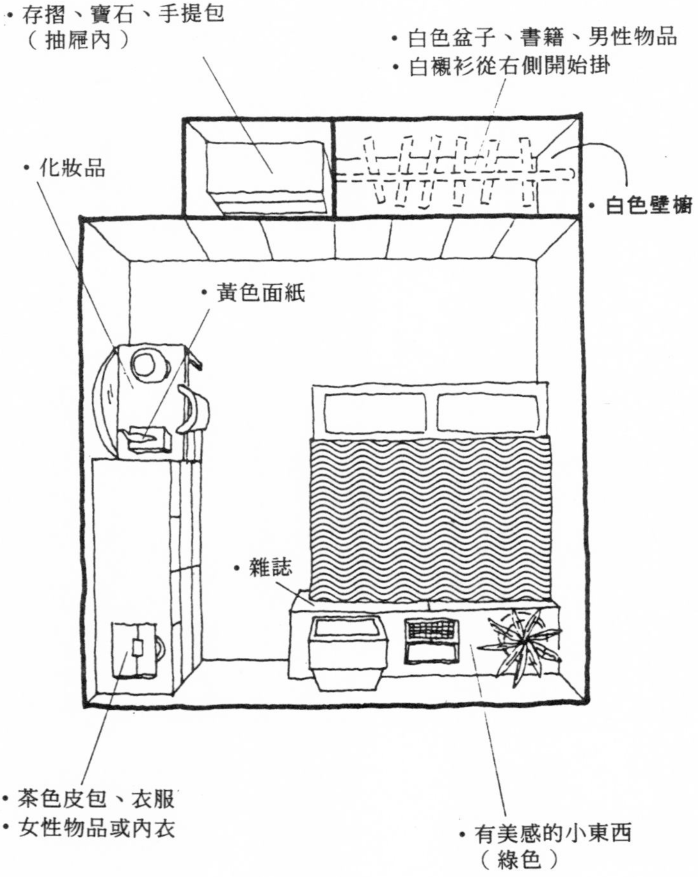
・存摺、寶石、手提包
（抽屜內）
・白色盆子、書籍、男性物品
・白襯衫從右側開始掛
・化妝品
・白色壁櫥
・黃色面紙
・雜誌
・茶色皮包、衣服
・女性物品或內衣
・有美感的小東西
（綠色）

◉期待夫妻感情良好

夫妻感情不睦的原因，以外遇佔壓倒性多數，反過來說，如果平日即採取不使對方花心的對策，則夫妻生活必定圓滿。

必備品為夫妻合照或家人合照，將照片擺在床頭邊，只要一想到家人，就花心不起來了。家人照片有防止外遇的功效，即使現在已有婚外情，家人照片也具有剎車作用。

請西枕而眠，以促進睡眠，但如果因熟睡而妨礙性生活者，則改東枕或南枕而眠。

代表夫妻感情的五斗櫃，以配置於寢室西南位置為理想，裡面收藏棉被或茶色系列物品。西北配置掛衣櫃，面向的左側掛黑襯衫、正中央掛綠色系列衣服、右側掛灰棕色衣服。整理櫃放在北側，擺白、粉紅、茶紅色內衣。東北配置化妝台。寢室通風佳也很重要。

新婚時代的相簿，請放在寢室東側，藉著專司「年輕」的東方位威力，使夫妻關係回復至新婚燕爾時的濃情蜜意。

●期待夫妻感情良好<寢室>

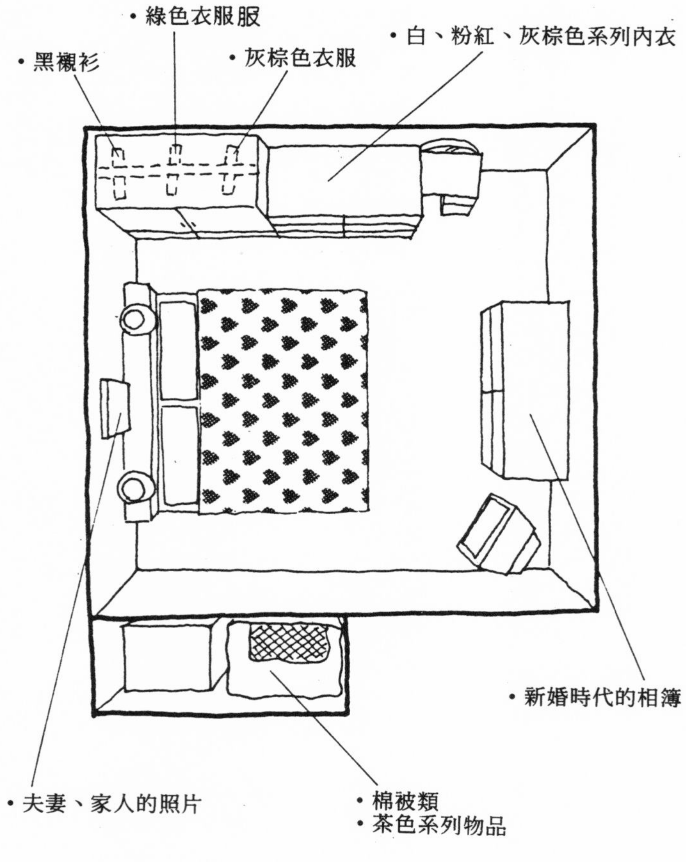
・綠色衣服服
・白、粉紅、灰棕色系列內衣
・黑襯衫
・灰棕色衣服
・新婚時代的相簿
・夫妻、家人的照片
・棉被類
・茶色系列物品

◉期待考試成功

原則上，請在考試前一個月調整書房配置、收藏。如此可提高行動力、及格率。

首先，書櫃置於房間北側，教科書、參考書、字典排列整齊。北方具有積蓄知識的「秀才」之氣，可提高小孩記憶力，知識慾也旺盛。

請東枕而眠（床鋪不必非得置於東方位），如此能得到向事物挑戰的威力。另外考試當天背的書包，請放在影響考試及格與否的南方位。

書桌儘量配置在房間的正中央，面向南而坐。筆記用具、簿子等放在書桌的上層抽屜內，尤其是考試時重要用品，不要放在左右抽屜，應該放在中央抽屜的中心，因為一切威力集中在「中央」。

書桌上擺飾自己站在志願學校前所拍的照片，學校簡介也置於桌上。

學校制服請掛在房間的北側或西側（非正北、正西亦可），這些方位有衣櫥最好，請收藏在太陽光照射得到的位置。用功得靠自己，但使知識靈活運用很重要，尤其考試合格與否的重點就在這裡。從改變環境產生刺激的意義上而言，不限於考試前一個月，平常你就可以改變房間的配置、收藏。

●希望考試成功<書房>

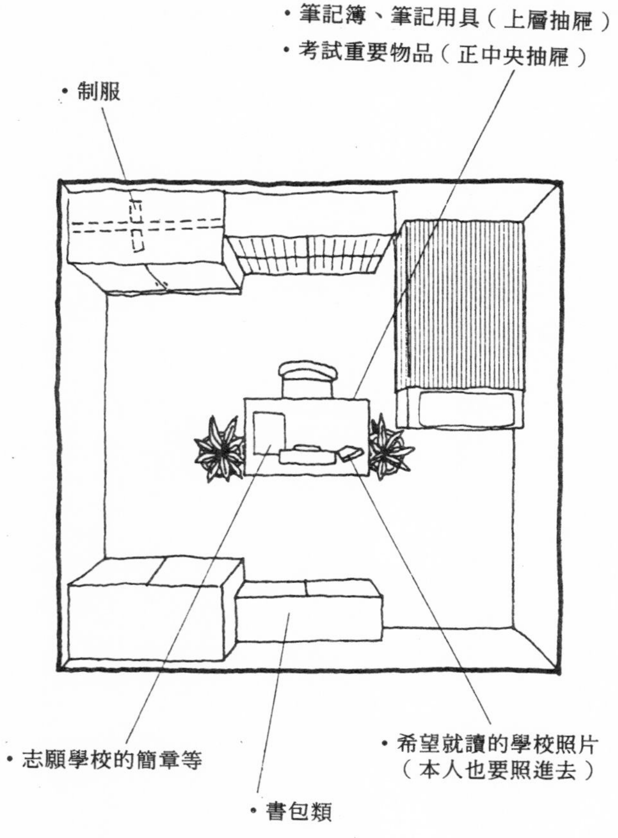

・筆記簿、筆記用具（上層抽屜）
・考試重要物品（正中央抽屜）
・制服
・志願學校的簡章等
・希望就讀的學校照片（本人也要照進去）
・書包類

◉希望小孩發揮才能

讀書固然重要，但開發小孩特殊才能更重要—現代雙親多有這種觀念。讓小孩發揮才能，餐廳的配置、收藏是重點。現代家庭各人有各人的房間，往往全家人聚在一起的時間只有用餐時刻。用餐時，雙親即可在小孩才藝方面多交談、建議。

餐桌盡量擺在正中央。小孩位置在專司「成長」運氣的東側、父母親則在西側正面相向，北側掛家人或雙親的照片，南側掛小孩偶像的照片。

南方位洋溢「才能」之威力，適合放置與小孩嚮往職業有關的物品，或崇拜對象的傳記等等。南側擺電視，兩旁各置一盆植物。

如果小孩的才能是運動，則運動器材置於東北。藝術、技術方面的物品，請收藏在東南方位。與音樂有關的場合，樂器、CD等置於東方位。

西南～西～西北配置餐具櫃，盡量使用高級餐具。高級餐具、玻璃製品所散發出來的光芒，一定與低級品不同，將閃閃發光的高級餐具收藏在這些方位，運氣也容易進入。

●希望小孩發揮才能（餐廳）

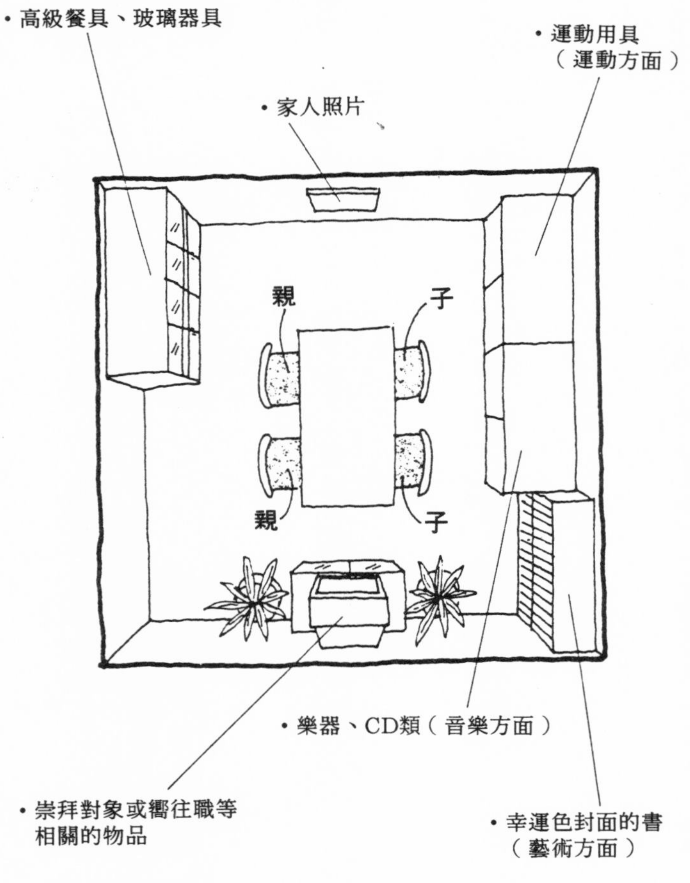

・高級餐具、玻璃器具
・運動用具
（運動方面）
・家人照片
親
子
親
子
・樂器、CD類（音樂方面）
・崇拜對象或嚮往職等
相關的物品
・幸運色封面的書
（藝術方面）

附錄

- 本命星表
- 本命星別幸運物
- 本命星別幸運色
- 本命星別吉方位

本命星表

依生年不同，有九顆本命星，依本命星不同，幸運物、幸運色、吉方位也各異。請先從下表找出自己的本命星。例如一九六七年出生者，即為「未」的「六白金星」。

請以農曆生日為準。

一白水星	二黑土星	三碧木星	四綠木星	五黃土星	六白金星	七紅金星	八白土星	九紫火星
1918 午	1917 巳	1916 辰	1915 卯	1914 寅	1913 亥	1912 子	1920 申	1919 未
1927 卯	1926 寅	1925 丑	1924 子	1923 亥	1922 戌	1921 酉	1929 巳	1928 辰
1936 子	1935 亥	1934 戌	1933 酉	1932 申	1931 未	1930 午	1938 寅	1937 丑
1945 酉	1944 申	1943 未	1942 午	1941 巳	1940 辰	1939 卯	1947 亥	1946 戌
1954 午	1953 巳	1952 辰	1951 卯	1950 寅	1949 丑	1948 子	1956 申	1955 未
1963 卯	1962 寅	1961 丑	1960 子	1959 亥	1958 戌	1957 酉	1965 巳	1964 辰
1972 子	1971 亥	1970 戌	1969 酉	1968 申	1967 未	1966 午	1974 寅	1973 丑
1981 酉	1980 申	1979 未	1978 午	1977 巳	1976 辰	1975 卯	1983 亥	1982 戌
1990 午	1989 巳	1988 辰	1987 卯	1986 寅	1985 丑	1984 子	1992 申	1991 未
1999 卯	1998 寅	1997 丑	1996 子	1995 亥	1994 戌	1993 酉	2001 巳	2000 辰

本命星別幸運物品

	1996年	1997年	1998年	1999年	2000年
一白水星	舊美術品	個人電腦	皮帶	寢具	貴重金屬
二黑土星	文字處理機及備用品	花瓶	鞋子	貴重金屬	錢包
三碧木星	旅行袋	樂器	獎狀	廚房用品	抽屜櫃
四綠木星	中古物	紀念品	錢包	書桌	眼鏡
五黃土星	護身符	戒指	衣櫃	個人電腦	寢具
六白金星	衣服	鑰匙圈	書籍	抽屜櫃	神符
七赤金星	音樂娃娃	繪畫	金庫	鞋子	電視
八白土星	眼鏡	相簿	舊美術品	枱燈	香水
九紫火星	瓶子	陶器	家電製品	貴重金屬	書籍

本命星別幸運色

	1996年	1997年	1998年	1999年	2000年
一白水星	灰	紅	橘色	黃色	綠色
二黑土星	藍	乳白色	藍紫色	灰棕色	黃色
三碧木星	橘	黃色	白	粉紅	白
四綠木星	藍紫色	白	茶色	黃色	灰棕色
五黃土星	灰棕色	黃色	白	綠色	灰色
六白金星	粉紅	黃色	灰色	黑	茶色
七赤金星	白	綠色	黑	黃色	藍色
八白土星	綠色	灰色	黃色	紅	橘色
九紫火星	黑	灰色	紅	乳白色	黃色

一白水星吉方位

年號	1月	2月	3月	4月	5月	6月	7月	8月	9月	10月	11月	12月	方位	1月	2月	3月	4月	5月	6月	7月	8月	9月	10月	11月	12月	年號
一九九一年													北		○	○				△	○			○	○	一九九六年
	○												東北	○												
	○	◎	○		○	○	◎			◎	◎	○	東	◎			○	○	△		△		○			
													東南													
													南													
				○		◎	◎			◎	○		西南													
	○	○			○	○	△			△	○	○	西	○			○	◎	◎		◎	◎	○			
													西北													
一九九二年		◎			◎				○	○	◎		北			△	△	○			○	○			△	一九九七年
													東北		○		◎		◎				○	○		
													東	○												
			○		◎	◎		◎				○	東南		○		△		△		○	○				
		◎			◎	○			○	◎	◎		南			○	◎	◎			◎	○				
													西南													
													西	○												
			△			△		○		○		△	西北		◎				○		○	○		◎		
一九九三年		◎	◎				○	◎			◎	◎	北	△	◎			◎				○	○	◎		一九九八年
													東北	◎												
													東		△	△	○			○	○			△	△	
		◎	◎		◎		○		○			◎	東南	△												
		○	△			△	○	○			○		南	◎	◎			◎	○			○	◎	◎		
													西南													
													西		◎		○			○	◎	◎		◎	◎	
		△	△				○		△		△	△	西北	◎												
一九九四年													北													一九九九年
		△		○		○				△	△		東北				○	○				◎	◎			
		◎	○		○	○	◎			◎	◎	○	東	○			○	○	△		△		○			
													東南		○	○		○		△		△			○	
													南													
				○		◎	◎			◎	○		西南				◎	○		○		◎	◎			
		○			○	○	△			△	○	○	西	○												
													西北		△	△				○		△		△	△	
一九九五年													北													二〇〇〇年
	○		○	○						○		○	東北	○	○		◎		◎				○	○		
		○	○	◎			◎	◎			○	○	東	○	◎	○		○	○	◎			◎	◎	○	
													東南													
													南													
			○	○			○	△		△		○	西南				○		◎	◎			◎	○		
		◎		○			○	◎	◎		◎	◎	西		○			○	○	△			△	○	○	
			○			○		◎		◎		○	西北													

◎大吉、○中吉、△無難、無記號為凶方位

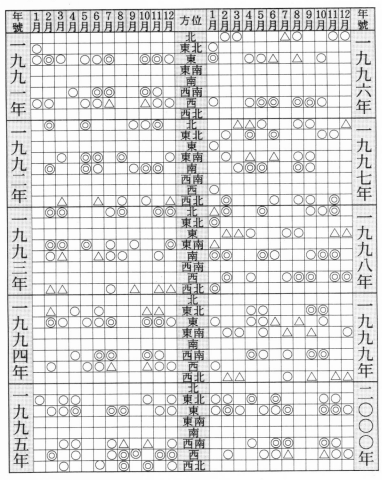

二黑土星吉方位

年號	1月	2月	3月	4月	5月	6月	7月	8月	9月	10月	11月	12月	方位	1月	2月	3月	4月	5月	6月	7月	8月	9月	10月	11月	12月	年號
一九九一年													北		○			○		◎	◎			○		一九九六年
	○												東北			○	◎		◎			○	○		○	
	○												東													
		○			○		◎	◎	◎				東南													
													南													
			○	◎		◎	◎		○	○		○	西南			△	△		△	○		○	○		△	
	○												西													
		○					△	○	○		○		西北	○												
一九九二年		○			△			△	○	○	○		北		○	◎	◎	◎			○			○	◎	一九九七年
													東北	◎		◎	◎		○			○	◎		◎	
		◎	◎		◎		○	○			◎	◎	東													
		○		◎	◎	◎		○					東南													
		○			△			○	○	○	○		南		◎	◎	◎	◎			○			◎		
													西南													
		△			△		○	○			△	△	西													
		○				◎		◎			○		西北													
一九九三年													北	◎	◎			○			○	◎	◎	◎		一九九八年
			△	○		○			△	△		△	東北	◎												
													東		◎	◎		◎		○	○			◎	◎	
	◎	◎	◎		○			○				◎	東南		△		○	○	○		△					
													南	◎	◎			○			◎	◎	◎	◎		
			△	△		△	○		○	○		△	西南													
													西		△			△		○	○			△	△	
	○	◎	◎					○		○	◎	◎	西北		△				○		○			△		
一九九四年													北													一九九九年
	○		◎	◎		○			○	◎		◎	東北			△	○		○			△	△		△	
		△			○	○		○		△	△		東		◎		○	○			◎			◎		
													東南	○												
													南													
			△	○		○	○		△	△		△	西南			○	○		○	◎		◎	◎		○	
		◎			○	○		○		◎	◎		西													
													西北	△												
一九九五年		○			△			△	○	○	○		北													二〇〇〇年
	◎												東北	○		○	○		△			△	○		○	
		○	○		○		△	△			○	○	東	○												
													東南		○			○		◎	◎	◎				
		◎			○			◎	◎	◎	◎		南													
													西南			○	◎		◎	◎		○	○		○	
		○			○		◎	◎			○	○	西													
		○				◎		◎			○		西北													

◎大吉、○中吉、△無難、無記號為凶方位

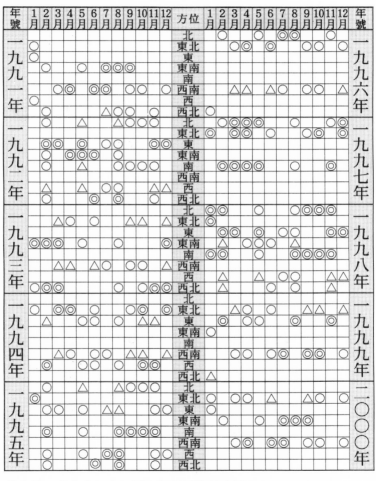

三碧木星吉方位

年號	1月	2月	3月	4月	5月	6月	7月	8月	9月	10月	11月	12月	方位	1月	2月	3月	4月	5月	6月	7月	8月	9月	10月	11月	12月	年號
一九九一年													北				○	◎		○	○					一九九六年
													東北			○		△	△			○			○	
			△		○		△	△		○		△	東		△		○		△		○		△	△		
		○		△		○	△	△	△				東南													
													南													
													西南			◎		○	◎	◎		○			◎	
					○		△	○		△		△	西		○		△		△		○		△	○		
		○				○	◎	◎	○		○		西北	○												
一九九二年													北	○	○	○	△	△					△	○	○	一九九七年
													東北		△	△	△		○			○		△	△	
		○		△	△		○				○		東	○												
	△		○	△	△	△		○				○	東南		○		△		○	△	△	△				
													南		○	△	△	△					○	○		
													西南													
		◎		○	◎		○		○		◎		西	△												
	◎		○			○		○		◎		○	西北		○				○	◎	◎	○		○		
一九九三年													北	△	△					△	○	○	△	△		一九九八年
			◎		○	○			◎			◎	東北	△												
	△												東		◎		○	○		◎				◎		
	△	△	△		○		△		○			△	東南	△												
													南	△	△					○	○	△	△	△		
			◎		○	◎	◎		○			◎	西南													
	○												西		◎		○	◎		○		○		◎		
	◎	○	△				○		△	○	○	△	西北	◎												
一九九四年		○	○	△	△					△	○	○	北													一九九九年
													東北			◎		○	○			◎			◎	
			○		◎		○	○		◎		○	東	○												
													東南		○	○		◎		○		◎			○	
		◎	○	○	○					◎	◎		南													
													西南			○		△	○	○		△			○	
					○		△	○		△		△	西	○												
													西北		○	△				○		△	○	○	△	
一九九五年	△	○					○	◎	◎	○	○		北													二〇〇〇年
			○			○			△	△		○	東北													
													東			△		○		△	△		○		△	
													東南		○		△		○	△	△	△				
	○	○					◎	◎	○	○	○		南													
			△			○		△	○	○		△	西南													
													西					○		△	○		△		△	
			△			△		△		○		△	西北													

◎大吉、○中吉、△無難、無記號為凶方位

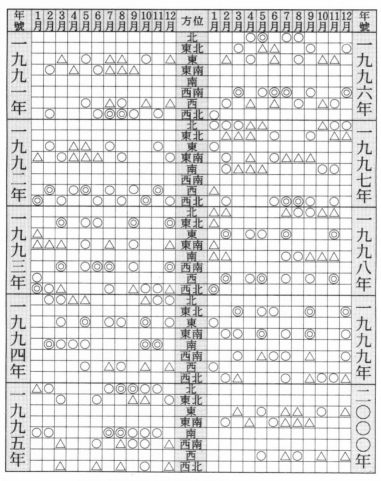

四綠木星吉方位

年號	1月	2月	3月	4月	5月	6月	7月	8月	9月	10月	11月	12月	方位	1月	2月	3月	4月	5月	6月	7月	8月	9月	10月	11月	12月	年號
一九九一年													北			◎	○	◎		○	○				◎	一九九六年
													東北	○			○	△	△				○			
		○	△			△	△	△			○	△	東	○	△			○	△				△	△		
					○	○	△	△	△				東南													
													南													
			○	○			△			○	△	○	西南				◎	○	◎	◎			○			
		△				○	△	○			△	△	西	△	○			△	△			○	△	○		
						○	◎	◎	○				西北													
一九九二年													北	○	○	○	△	△				○	△	○	○	一九九七年
													東北	○	△	△	△						○	△	△	
			△	△	△			○				△	東													
		○	○	△	△	△						○	東南													
													南		○	△	△	△				△	○	○		
													西南													
				○	◎			○	○			◎	西													
		◎	○			○					◎	○	西北													
一九九三年			◎	○	◎		○	○				◎	北	△	△					△	○	○	△	△		一九九八年
													東北	△												
	△												東													
	△	△	△					○	○			△	東南		◎	◎	○	○	○						◎	
			△	○	○	△	△	△					南	△	△				△	○	○	△	△	△		
													西南													
	○												西													
	◎	○	△					○	△	○	○	△	西北		◎	○			○					◎	○	
一九九四年	○	○	○	△	△				○	△	○	○	北													一九九九年
		○	○	○						◎	○	○	東北													
													東		△			○	△				△	△		
													東南	○	○	○					◎	◎			○	
	○	◎	○	○	○				○	◎	◎		南													
			◎	◎			○			◎	○	◎	西南													
													西													
													西北	◎	○	△					○	△	○	○	△	
一九九五年	△	○					○	◎	◎	○	○		北													二〇〇〇年
	○			○					△	△			東北		○	○	○						◎	○	○	
			○	○	○			◎				○	東		○	△			△	△	△			○	△	
													東南					○	○	△	△	△				
	○	○				○	◎	◎	○	○	○		南													
				△			○	△	○	○			西南			○	○			△			○	△	○	
				△	○			△	△			○	西		△				○	△	○			△	△	
													西北													

◎大吉、○中吉、△無難、無記號為凶方位

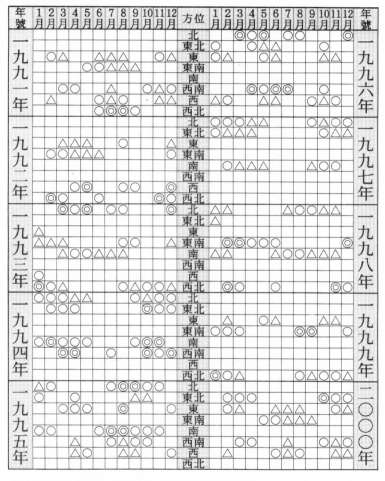

五黃土星吉方位

年號	1月	2月	3月	4月	5月	6月	7月	8月	9月	10月	11月	12月	方位	1月	2月	3月	4月	5月	6月	7月	8月	9月	10月	11月	12月	年號
一九九一年													北		○	○	◎	○		◎	◎			○	○	一九九六年
	○												東北	○		○	◎	◎	◎			○	○		○	
	○	○	◎		◎	◎	◎	◎		○	○	○	東	○	◎		○	○	◎		◎		◎	◎		
		○		◎	○	◎	◎	◎	◎				東南													
													南													
			○	◎		◎	◎		○	○	◎	○	西南			△	△	○	△	○		○	○		△	
	○	◎			○	○	◎	○		◎	◎	◎	西	◎	○		◎	◎	◎		○	○	◎	○		
		○				○	△	○	○		○		西北	○												
一九九二年		○			△		○	△	○	○	○		北	◎	○	◎	◎	◎			○	○	◎	○	◎	一九九七年
													東北	◎	◎	◎	◎		○			○	◎	◎	◎	
		◎	◎	◎	◎		○	○			◎	◎	東	○												
	◎	○	◎	◎	◎	◎		○				◎	東南		○		◎	○	◎	◎	◎	◎				
		○			△	○	△	○	○	○	○		南		◎	◎	◎	◎			○	◎	○	◎		
													西南													
		△		○	△		○	○	○		△	△	西	◎												
	△	○	◎			◎		◎		○	○	◎	西北		○				○	△	○	○		○		
一九九三年		△	△	○	△		○	○			△	△	北	◎	◎			○		◎	○	◎	◎	◎		一九九八年
			△	○	○	○			△	△		△	東北	◎												
	◎												東		◎	◎	◎	◎		○	○			◎	◎	
	◎	◎	◎		○		◎	○	◎			◎	東南	◎	△	○	○	○	○		△				○	
		○	◎	○	◎	◎	◎	◎			○		南	◎	◎			○	◎	○	◎	◎	◎	◎		
			△	△	○	△	○		○	○		△	西南													
	○												西		△		○	△		○	○	○		△	△	
	○	◎	◎				○	○	◎	○	◎	◎	西北	△	△	○			○		○		△	△	○	
一九九四年	○	○	◎	◎	◎			○	○	◎	○	◎	北													一九九九年
	○	◎	◎	◎		○			○	◎	◎	◎	東北			△	○	○	○			△	△		△	
		△	○		○	○	○	○		△	△	○	東	◎	◎		○	○	◎		◎		◎	◎		
													東南	○	◎	◎		○		◎	○	◎			◎	
	○	○	○	○	○			△	○	△	○		南													
			△	○		○	○		△	△	○	△	西南			○	○	◎	○	◎		◎	◎		○	
		◎			○	○	◎	○		◎	◎	◎	西	○												
													西北	△	◎	◎				○	○	◎	○	◎	◎	
一九九五年	◎	○			△		○	△	○	○	○		北													二〇〇〇年
	◎		○	○		○			◎	◎		○	東北	○	○	○	○		△			△	○	○	○	
		○	○	○	○		△	△			○	○	東	○	○	◎		◎	◎	◎	◎		○	○	◎	
													東南		○		◎	○	◎	◎	◎	◎				
	○	◎			○	◎	○	◎	◎	◎	◎		南													
			◎	◎		○	○	◎	○	◎		◎	西南			○	◎		◎	◎		○	○	◎	○	
		○		◎	○		◎	◎	◎		○	○	西		◎			○	○	◎	○		◎	◎	◎	
		○	◎			◎		◎		○	○	◎	西北													

◎大吉、○中吉、△無難、無記號為凶方位

六白金星吉方位

年號	1月	2月	3月	4月	5月	6月	7月	8月	9月	10月	11月	12月	方位	1月	2月	3月	4月	5月	6月	7月	8月	9月	10月	11月	12月	年號
一九九一年													北		△	△	○	○		○				△	△	一九九六年
	△												東北			◎	○	◎	◎			○			◎	
	○	○			○	◎	◎			○	○		東	○												
				◎	◎	○	◎	◎					東南													
													南													
													西南			○	○	◎	◎			◎			○	
	○	◎			○	○	◎			◎	◎		西	◎												
						◎	◎	○					西北													
一九九二年					△		○	○	△	○			北	○	◎	○	◎				○	○	◎	◎	○	一九九七年
													東北	○												
													東													
	◎	◎	○	◎	◎							○	東南				◎	◎	○	◎	◎					
					△	○	○	△	○	○			南		○	◎	◎				○	◎	◎	○		
													西南													
													西													
	○	△	○							△	△	○	西北						○	○	△					
一九九三年		△	△	○	○		○				△	△	北	◎												一九九八年
			◎	○	◎	◎			○			◎	東北													
													東		△	○	○			△	△			△	○	
	◎												東南	◎	◎	○	◎	◎							○	
		○	◎	◎	○	◎	◎				○		南	◎												
			△	△	○	○			○			△	西南													
													西		△		○			○	○			△	△	
	○												西北	△	△	○							△	△	○	
一九九四年	○	◎	○	◎				○	○	◎	◎	○	北													一九九九年
	○	○	○			△			○	△	○	○	東北			○	△	○	○			△			○	
		△			△	○	○			△	△		東	○			○	○			○		◎			
													東南	◎	○					○	○	△				
	◎	○	◎	◎				○	◎	◎	○		南													
			○			○			△	△	○	○	西南			○	○	◎	◎			◎			○	
		◎			○	○	◎			◎	◎		西	○												
													西北	○	○					○	○	◎	◎	○		
一九九五年	◎				○		◎	◎	○	◎			北													二〇〇〇年
			○			◎			◎			○	東北	△												
		△	○	○			△	△			△	○	東	○	○			○	◎	◎			○	○		
													東南				◎	◎	○	◎	◎					
	◎				△	○	○	△	○	○			南													
			◎			○	○	◎	◎			◎	西南													
		○		◎			◎	◎			○	○	西		◎			○	○	◎			◎	◎		
													西北													

◎大吉、○中吉、△無難、無記號為凶方位

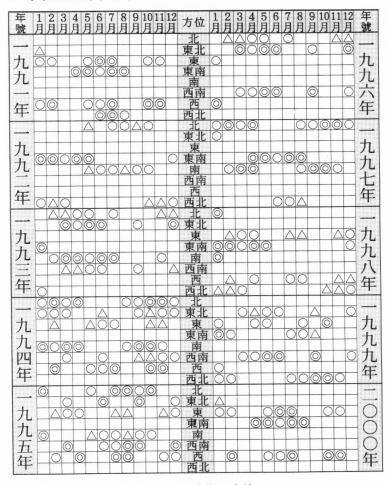

七赤金星吉方位

年號	1月	2月	3月	4月	5月	6月	7月	8月	9月	10月	11月	12月	方位	1月	2月	3月	4月	5月	6月	7月	8月	9月	10月	11月	12月	年號
一九九一年													北		△	△	○	○						△	△	一九九六年
													東北	○												
	○												東		◎		○		◎		○			◎		
		○		◎	◎	○	◎		◎				東南													
													南													
				○			◎		○	○	◎		西南													
	○												西		◎		◎		◎		○	○		◎		
		◎				◎	◎		◎		◎		西北	◎												
一九九二年					△		○	○	△				北	○												一九九七年
													東北		◎		◎					◎	○	◎		
		○	◎		◎		○				○	◎	東	○												
	◎												東南		○		◎	◎	○	◎		◎				
					△	○	○	△	○				南													
													西南													
		○			◎		◎		◎		○	○	西	◎												
	○												西北		○				○	○		○		○		
一九九三年		△	△	○	○						△	△	北													一九九八年
			◎	○	◎					○		◎	東北	◎												
													東		△	○		○		△				△	○	
			◎		○		◎	◎	○			◎	東南	◎	◎	○	◎		◎		○				○	
		○	◎	◎	○	◎					○		南													
			△	△	○		△			○		△	西南													
													西		△			○		○		○		△	△	
			◎				○	○	◎	◎		◎	西北	△	△	○			○		○		△	△	○	
一九九四年	○	◎	○					○	○	◎	◎	○	北													一九九九年
	○	○		○					○	△	○		東北													
			○		△	○		○		△		○	東		◎		○		◎		○			◎		
													東南	◎		○		△		○	○	△			○	
	◎	○	◎					○	◎	◎	○		南													
				△			○		△	△	○		西南													
					○	○		◎		◎		◎	西													
													西北	○		◎				○	○	◎	◎		◎	
一九九五年					○		◎	◎	○				北													二〇〇〇年
	○			○		◎				◎			東北		○		○					○	△	○		
													東	○												
													東南		○		◎	◎	○	◎		◎				
					△	○	○	△	○				南													
				◎		○	○	◎		○			西南				○			◎		○	○	◎		
													西													
		○	◎			◎		◎		○	○	◎	西北													

◎大吉、○中吉、△無難、無記號為凶方位

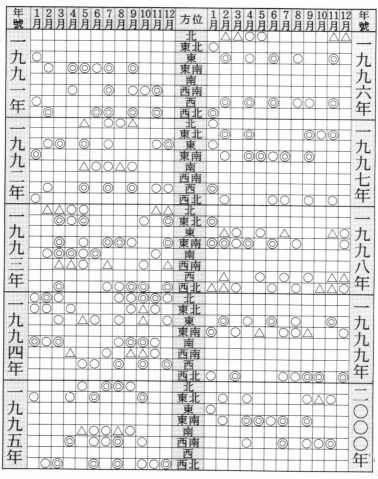

八白土星吉方位

年號	1月	2月	3月	4月	5月	6月	7月	8月	9月	10月	11月	12月	方位	1月	2月	3月	4月	5月	6月	7月	8月	9月	10月	11月	12月	年號
一九九一年													北													一九九六年
	○												東北			○	◎		◎			○	○		○	
		○	◎		◎		◎	◎			○	◎	東	○	◎			○	◎		◎		◎	◎		
													東南													
													南													
			○	◎		◎	◎		○	○		○	西南			△	△		△	○		○	○		△	
		◎			○		◎	○			◎	◎	西	◎	○			◎	◎		○		◎	○		
													西北													
一九九二年		○			△		○	△			○		北													一九九七年
													東北	◎		◎	◎		○			○	◎		◎	
		◎		◎	◎			○			◎		東													
		○	◎		◎			○				◎	東南		○		◎	○	◎		◎					
		○			△	○	△	○			○		南													
													西南													
		△		○	△			○	○		△		西													
		○	◎					◎		○	○	◎	西北		○				○		○			○		
一九九三年		△	△	○	△			○			△	△	北		◎			○		◎	○			◎		一九九八年
			△	○		○			△	△		△	東北	◎												
	◎												東		◎		◎	◎			○			◎		
													東南	◎	△	○		○			△				○	
		○	◎	○	◎			◎			○		南		◎			○	◎	○	◎			◎		
			△	△		△	○		○	○		△	西南													
	○												西		△		○	△			○	○		△		
													西北	△	△	○					○		△	△	○	
一九九四年	○	○			◎			○	○	◎	○		北													一九九九年
	○		◎	◎		○			○	◎		◎	東北			△	○		○			△	△		△	
													東	◎												
													東南		◎			○		◎	○	◎				
	○	○			○			△	○	△	○		南													
			△	○		○	○		△	△		△	西南			○	○		○	◎		◎	◎		○	
													西	○												
													西北		◎					○	○	◎		◎		
一九九五年		○			△		○	△			○		北													二〇〇〇年
	◎												東北	○		○	○		△			△	○		○	
		○		○	○			△			○		東		○	◎		◎		◎	◎			○	◎	
													東南													
		◎			○	◎	○	◎			◎		南													
													西南			○	◎		◎	◎		○	○		○	
		○		◎	○			◎	◎		○		西		◎			○		◎	○			◎	◎	
		○	◎					◎		○	○	◎	西北													

◎大吉、○中吉、△無難、無記號為凶方位

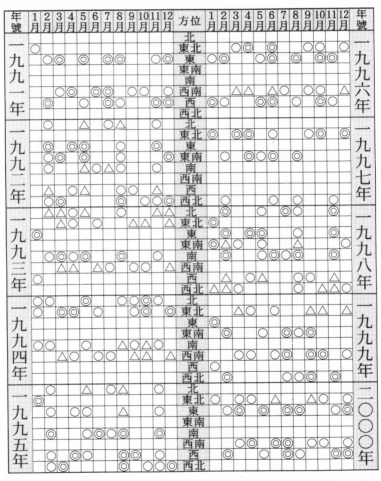

九紫火星吉方位

年號	1月	2月	3月	4月	5月	6月	7月	8月	9月	10月	11月	12月	方位	1月	2月	3月	4月	5月	6月	7月	8月	9月	10月	11月	12月	年號
一九九一年													北													一九九六年
													東北	◎		△		○	△			○	○		△	
	◎	○	○			○	△	△		○	○	○	東	○	○		◎	◎	◎				○	○		
		◎		◎	○		◎		○				東南													
													南													
			△			△	△		○		○	△	西南			○		○	△			△	△		○	
	◎	○				◎	◎	○		◎	○	○	西	○	△		○	△	△			○	○	△		
		△					△		○		△		西北	△												
一九九二年		○			◎		◎			◎	○		北				◎	○			◎	◎	◎			一九九七年
													東北													
			○	△	△		○	○				○	東	◎												
	◎												東南		◎		◎	○		◎		○				
		○			◎	◎	○			○	○		南				△	△			○	○	△			
													西南													
				○	△		○	△	△			○	西	○												
	○												西北		○					○		◎		○		
一九九三年		◎	◎	◎			◎	○			◎	◎	北	◎	△			○		○			○	△		一九九八年
			△		○	△			○	○		△	東北													
	△												東													
			△		○		○	△				△	東南	◎	△		○		△		○					
		◎	◎	○			○	○			◎		南	△	△			○	○	△			△	△		
			◎		◎	○			○	○		◎	西南													
	○												西													
			◎				◎	◎		○		◎	西北	◎	◎				◎		○		◎	◎		
一九九四年	◎			◎	○			◎	◎	◎			北													一九九九年
													東北			○		◎	○			◎	◎		○	
		◎	◎			◎	○	○		◎	◎	◎	東		○		◎	◎	◎				○	○		
													東南	○												
	○			△	△			○	○	△			南													
													西南			○		○	△			△	△		○	
		○				◎	◎	○		◎	○	○	西													
													西北	○												
一九九五年	◎												北													二〇〇〇年
			◎	◎		○			○			◎	東北		◎	○			◎			○		◎	○	
			◎	○	○		◎	◎				◎	東	◎	○	○			○	△	△		○	○	○	
													東南		◎		◎	○		◎		○				
	△												南													
			○	○		◎		◎	○			◎	西南			△			△	△		○		○	△	
				○	△		○	△	△			◎	西		○				◎	◎	○		◎	○	○	
		○				○		△		○	○		西北													

◎大吉、○中吉、△無難、無記號為凶方位

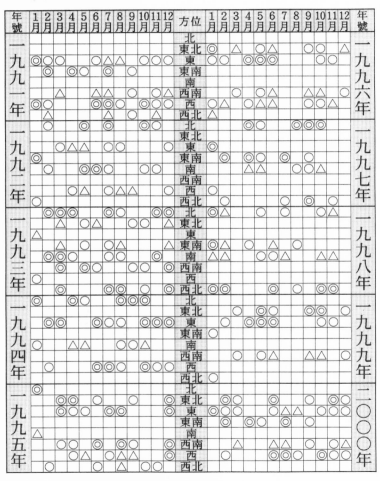

後記

自從透過大衆傳播發表風水理論至今，已有九個年頭。在學校學不到的風水理論，我藉著先父口述完整地溶入建築設計中。

為了讓社會大衆了解驚人的風水效果，於是我著書介紹風水理論，並鼓勵大衆實踐風水。而住在我所設計的建築中，真的能招來幸運嗎？這是常存我心的疑問，也正是我提倡風水開運的前奏。

隨著風水威力、開運設計的盛行，住宅風水重要性廣為人知，拜大衆傳播媒體之賜，現在不少人已將風水應用在日常生活中。

於是，我終於發表這本更深入的開運法『開運風水收藏術』。

希望各位了解收藏不是零零散散的收藏，否則只會使運氣降低而已，也就是喪失陰宅威力，從而影響陽宅運氣。

依照本書所述理論，必定能得到陰陽調和的效果，不需花錢即可吸收住宅威力，達到開運目的。我保證，巧妙地運用風水理論收藏術，必能令你掌握幸福。

小林祥晃

大展出版社有限公司　圖書目錄

地址：台北市北投區11204
致遠一路二段12巷1號
郵撥：0166955～1
電話：(02) 8236031
8236033
傳眞：(02) 8272069

・法律專欄連載・電腦編號 58

台大法學院
法律學系／策劃
法律服務社／編著

①別讓您的權利睡著了[1]	200元
②別讓您的權利睡著了[2]	200元

・秘傳占卜系列・電腦編號 14

①手相術	淺野八郎著	150元
②人相術	淺野八郎著	150元
③西洋占星術	淺野八郎著	150元
④中國神奇占卜	淺野八郎著	150元
⑤夢判斷	淺野八郎著	150元
⑥前世、來世占卜	淺野八郎著	150元
⑦法國式血型學	淺野八郎著	150元
⑧靈感、符咒學	淺野八郎著	150元
⑨紙牌占卜學	淺野八郎著	150元
⑩ＥＳＰ超能力占卜	淺野八郎著	150元
⑪猶太數的秘術	淺野八郎著	150元
⑫新心理測驗	淺野八郎著	160元

・趣味心理講座・電腦編號 15

①性格測驗１	探索男與女	淺野八郎著	140元
②性格測驗２	透視人心奧秘	淺野八郎著	140元
③性格測驗３	發現陌生的自己	淺野八郎著	140元
④性格測驗４	發現你的真面目	淺野八郎著	140元
⑤性格測驗５	讓你們吃驚	淺野八郎著	140元
⑥性格測驗６	洞穿心理盲點	淺野八郎著	140元
⑦性格測驗７	探索對方心理	淺野八郎著	140元
⑧性格測驗８	由吃認識自己	淺野八郎著	140元
⑨性格測驗９	戀愛知多少	淺野八郎著	160元

⑩性格測驗10　由裝扮瞭解人心	淺野八郎著	140元
⑪性格測驗11　敲開內心玄機	淺野八郎著	140元
⑫性格測驗12　透視你的未來	淺野八郎著	140元
⑬血型與你的一生	淺野八郎著	160元
⑭趣味推理遊戲	淺野八郎著	160元
⑮行爲語言解析	淺野八郎著	160元

•婦 幼 天 地• 電腦編號16

①八萬人減肥成果	黃靜香譯	180元
②三分鐘減肥體操	楊鴻儒譯	150元
③窈窕淑女美髮秘訣	柯素娥譯	130元
④使妳更迷人	成　玉譯	130元
⑤女性的更年期	官舒妍編譯	160元
⑥胎內育兒法	李玉瓊編譯	150元
⑦早產兒袋鼠式護理	唐岱蘭譯	200元
⑧初次懷孕與生產	婦幼天地編譯組	180元
⑨初次育兒12個月	婦幼天地編譯組	180元
⑩斷乳食與幼兒食	婦幼天地編譯組	180元
⑪培養幼兒能力與性向	婦幼天地編譯組	180元
⑫培養幼兒創造力的玩具與遊戲	婦幼天地編譯組	180元
⑬幼兒的症狀與疾病	婦幼天地編譯組	180元
⑭腿部苗條健美法	婦幼天地編譯組	180元
⑮女性腰痛別忽視	婦幼天地編譯組	150元
⑯舒展身心體操術	李玉瓊編譯	130元
⑰三分鐘臉部體操	趙薇妮著	160元
⑱生動的笑容表情術	趙薇妮著	160元
⑲心曠神怡減肥法	川津祐介著	130元
⑳內衣使妳更美麗	陳玄茹譯	130元
㉑瑜伽美姿美容	黃靜香編著	150元
㉒高雅女性裝扮學	陳珮玲譯	180元
㉓蠶糞肌膚美顏法	坂梨秀子著	160元
㉔認識妳的身體	李玉瓊譯	160元
㉕產後恢復苗條體態	居理安•芙萊喬著	200元
㉖正確護髮美容法	山崎伊久江著	180元
㉗安琪拉美姿養生學	安琪拉蘭斯博瑞著	180元
㉘女體性醫學剖析	增田豐著	220元
㉙懷孕與生產剖析	岡部綾子著	180元
㉚斷奶後的健康育兒	東城百合子著	220元
㉛引出孩子幹勁的責罵藝術	多湖輝著	170元
㉜培養孩子獨立的藝術	多湖輝著	170元

㉝子宮肌瘤與卵巢囊腫	陳秀琳編著	180元
㉞下半身減肥法	納他夏・史達賓著	180元
㉟女性自然美容法	吳雅菁編著	180元
㊱再也不發胖	池園悅太郎著	170元
㊲生男生女控制術	中垣勝裕著	220元
㊳使妳的肌膚更亮麗	楊　皓編著	170元

・青 春 天 地・電腦編號 17

①A血型與星座	柯素娥編譯	120元
②B血型與星座	柯素娥編譯	120元
③O血型與星座	柯素娥編譯	120元
④AB血型與星座	柯素娥編譯	120元
⑤青春期性教室	呂貴嵐編譯	130元
⑥事半功倍讀書法	王毅希編譯	150元
⑦難解數學破題	宋釗宜編譯	130元
⑧速算解題技巧	宋釗宜編譯	130元
⑨小論文寫作秘訣	林顯茂編譯	120元
⑪中學生野外遊戲	熊谷康編著	120元
⑫恐怖極短篇	柯素娥編譯	130元
⑬恐怖夜話	小毛驢編譯	130元
⑭恐怖幽默短篇	小毛驢編譯	120元
⑮黑色幽默短篇	小毛驢編譯	120元
⑯靈異怪談	小毛驢編譯	130元
⑰錯覺遊戲	小毛驢編譯	130元
⑱整人遊戲	小毛驢編著	150元
⑲有趣的超常識	柯素娥編譯	130元
⑳哦！原來如此	林慶旺編譯	130元
㉑趣味競賽100種	劉名揚編譯	120元
㉒數學謎題入門	宋釗宜編譯	150元
㉓數學謎題解析	宋釗宜編譯	150元
㉔透視男女心理	林慶旺編譯	120元
㉕少女情懷的自白	李桂蘭編譯	120元
㉖由兄弟姊妹看命運	李玉瓊編譯	130元
㉗趣味的科學魔術	林慶旺編譯	150元
㉘趣味的心理實驗室	李燕玲編譯	150元
㉙愛與性心理測驗	小毛驢編譯	130元
㉚刑案推理解謎	小毛驢編譯	130元
㉛偵探常識推理	小毛驢編譯	130元
㉜偵探常識解謎	小毛驢編譯	130元
㉝偵探推理遊戲	小毛驢編譯	130元

㉞趣味的超魔術	廖玉山編著	150元
㉟趣味的珍奇發明	柯素娥編著	150元
㊱登山用具與技巧	陳瑞菊編著	150元

・健康天地・電腦編號 18

①壓力的預防與治療	柯素娥編譯	130元
②超科學氣的魔力	柯素娥編譯	130元
③尿療法治病的神奇	中尾良一著	130元
④鐵證如山的尿療法奇蹟	廖玉山譯	120元
⑤一日斷食健康法	葉慈容編譯	150元
⑥胃部強健法	陳炳崑譯	120元
⑦癌症早期檢查法	廖松濤譯	160元
⑧老人痴呆症防止法	柯素娥編譯	130元
⑨松葉汁健康飲料	陳麗芬編譯	130元
⑩揉肚臍健康法	永井秋夫著	150元
⑪過勞死、猝死的預防	卓秀貞編譯	130元
⑫高血壓治療與飲食	藤山順豐著	150元
⑬老人看護指南	柯素娥編譯	150元
⑭美容外科淺談	楊啟宏著	150元
⑮美容外科新境界	楊啟宏著	150元
⑯鹽是天然的醫生	西英司郎著	140元
⑰年輕十歲不是夢	梁瑞麟譯	200元
⑱茶料理治百病	桑野和民著	180元
⑲綠茶治病寶典	桑野和民著	150元
⑳杜仲茶養顏減肥法	西田博著	150元
㉑蜂膠驚人療效	瀨長良三郎著	150元
㉒蜂膠治百病	瀨長良三郎著	180元
㉓醫藥與生活	鄭炳全著	180元
㉔鈣長生寶典	落合敏著	180元
㉕大蒜長生寶典	木下繁太郎著	160元
㉖居家自我健康檢查	石川恭三著	160元
㉗永恒的健康人生	李秀鈴譯	200元
㉘大豆卵磷脂長生寶典	劉雪卿譯	150元
㉙芳香療法	梁艾琳譯	160元
㉚醋長生寶典	柯素娥譯	180元
㉛從星座透視健康	席拉・吉蒂斯著	180元
㉜愉悅自在保健學	野本二士夫著	160元
㉝裸睡健康法	丸山淳士等著	160元
㉞糖尿病預防與治療	藤田順豐著	180元
㉟維他命長生寶典	菅原明子著	180元

㊱維他命C新效果	鐘文訓編	150元
㊲手、腳病理按摩	堤芳朗著	160元
㊳AIDS瞭解與預防	彼得塔歇爾著	180元
㊴甲殼質殼聚糖健康法	沈永嘉譯	160元
㊵神經痛預防與治療	木下眞男著	160元
㊶室內身體鍛鍊法	陳炳崑編著	160元
㊷吃出健康藥膳	劉大器編著	180元
㊸自我指壓術	蘇燕謀編著	160元
㊹紅蘿蔔汁斷食療法	李玉瓊編著	150元
㊺洗心術健康秘法	竺翠萍編譯	170元
㊻枇杷葉健康療法	柯素娥編譯	180元
㊼抗衰血癒	楊啟宏著	180元
㊽與癌搏鬥記	逸見政孝著	180元
㊾冬蟲夏草長生寶典	高橋義博著	170元
㊿痔瘡・大腸疾病先端療法	宮島伸宜著	180元
51膠布治癒頑固慢性病	加瀨建造著	180元
52芝麻神奇健康法	小林貞作著	170元
53香煙能防止癡呆？	高田明和著	180元
54穀菜食治癌療法	佐藤成志著	180元
55貼藥健康法	松原英多著	180元
56克服癌症調和道呼吸法	帶津良一著	180元
57Ｂ型肝炎預防與治療	野村喜重郎著	180元
58青春永駐養生導引術	早島正雄著	180元
59改變呼吸法創造健康	原久子著	180元
60荷爾蒙平衡養生秘訣	出村博著	180元
61水美肌健康法	井戶勝富著	170元
62認識食物掌握健康	廖梅珠編著	170元
63痛風劇痛消除法	鈴木吉彥著	180元
64酸莖菌驚人療效	上田明彥著	180元
65大豆卵磷脂治現代病	神津健一著	200元
66時辰療法——危險時刻凌晨4時	呂建強等著	元
67自然治癒力提升法	帶津良一著	元
68巧妙的氣保健法	藤平墨子著	元

・實用女性學講座・電腦編號 19

①解讀女性內心世界	島田一男著	150元
②塑造成熟的女性	島田一男著	150元
③女性整體裝扮學	黃靜香編著	180元
④女性應對禮儀	黃靜香編著	180元

・校 園 系 列・電腦編號 20

①讀書集中術	多湖輝著	150元
②應考的訣竅	多湖輝著	150元
③輕鬆讀書贏得聯考	多湖輝著	150元
④讀書記憶秘訣	多湖輝著	150元
⑤視力恢復！超速讀術	江錦雲譯	180元
⑥讀書36計	黃柏松編著	180元
⑦驚人的速讀術	鐘文訓編著	170元
⑧學生課業輔導良方	多湖輝著	170元

・實用心理學講座・電腦編號 21

①拆穿欺騙伎倆	多湖輝著	140元
②創造好構想	多湖輝著	140元
③面對面心理術	多湖輝著	160元
④偽裝心理術	多湖輝著	140元
⑤透視人性弱點	多湖輝著	140元
⑥自我表現術	多湖輝著	150元
⑦不可思議的人性心理	多湖輝著	150元
⑧催眠術入門	多湖輝著	150元
⑨責罵部屬的藝術	多湖輝著	150元
⑩精神力	多湖輝著	150元
⑪厚黑說服術	多湖輝著	150元
⑫集中力	多湖輝著	150元
⑬構想力	多湖輝著	150元
⑭深層心理術	多湖輝著	160元
⑮深層語言術	多湖輝著	160元
⑯深層說服術	多湖輝著	180元
⑰掌握潛在心理	多湖輝著	160元
⑱洞悉心理陷阱	多湖輝著	180元
⑲解讀金錢心理	多湖輝著	180元
⑳拆穿語言圈套	多湖輝著	180元
㉑語言的心理戰	多湖輝著	180元

・超現實心理講座・電腦編號 22

①超意識覺醒法	詹蔚芬編譯	130元
②護摩秘法與人生	劉名揚編譯	130元
③秘法！超級仙術入門	陸　明譯	150元

④給地球人的訊息	柯素娥編著	150元
⑤密教的神通力	劉名揚編著	130元
⑥神秘奇妙的世界	平川陽一著	180元
⑦地球文明的超革命	吳秋嬌譯	200元
⑧力量石的秘密	吳秋嬌譯	180元
⑨超能力的靈異世界	馬小莉譯	200元
⑩逃離地球毀滅的命運	吳秋嬌譯	200元
⑪宇宙與地球終結之謎	南山宏著	200元
⑫驚世奇功揭秘	傅起鳳著	200元
⑬啟發身心潛力心象訓練法	栗田昌裕著	180元
⑭仙道術遁甲法	高藤聰一郎著	220元
⑮神通力的秘密	中岡俊哉著	180元
⑯仙人成仙術	高藤聰一郎著	200元
⑰仙道符咒氣功法	高藤聰一郎著	220元
⑱仙道風水術尋龍法	高藤聰一郎著	200元
⑲仙道奇蹟超幻像	高藤聰一郎著	200元
⑳仙道鍊金術房中法	高藤聰一郎著	200元

•養 生 保 健• 電腦編號23

①醫療養生氣功	黃孝寬著	250元
②中國氣功圖譜	余功保著	230元
③少林醫療氣功精粹	井玉蘭著	250元
④龍形實用氣功	吳大才等著	220元
⑤魚戲增視強身氣功	宮　嬰著	220元
⑥嚴新氣功	前新培金著	250元
⑦道家玄牝氣功	張　章著	200元
⑧仙家秘傳袪病功	李遠國著	160元
⑨少林十大健身功	秦慶豐著	180元
⑩中國自控氣功	張明武著	250元
⑪醫療防癌氣功	黃孝寬著	250元
⑫醫療強身氣功	黃孝寬著	250元
⑬醫療點穴氣功	黃孝寬著	250元
⑭中國八卦如意功	趙維漢著	180元
⑮正宗馬禮堂養氣功	馬禮堂著	420元
⑯秘傳道家筋經內丹功	王慶餘著	280元
⑰三元開慧功	辛桂林著	250元
⑱防癌治癌新氣功	郭　林著	180元
⑲禪定與佛家氣功修煉	劉天君著	200元
⑳顛倒之術	梅自強著	360元
㉑簡明氣功辭典	吳家駿編	元

㉒八卦三合功	張全亮著	230元

・社會人智囊・電腦編號 24

①糾紛談判術	清水增三著	160元
②創造關鍵術	淺野八郎著	150元
③觀人術	淺野八郎著	180元
④應急詭辯術	廖英迪編著	160元
⑤天才家學習術	木原武一著	160元
⑥猫型狗式鑑人術	淺野八郎著	180元
⑦逆轉運掌握術	淺野八郎著	180元
⑧人際圓融術	澀谷昌三著	160元
⑨解讀人心術	淺野八郎著	180元
⑩與上司水乳交融術	秋元隆司著	180元
⑪男女心態定律	小田晉著	180元
⑫幽默說話術	林振輝編著	200元
⑬人能信賴幾分	淺野八郎著	180元
⑭我一定能成功	李玉瓊譯	180元
⑮獻給青年的嘉言	陳蒼杰譯	180元
⑯知人、知面、知其心	林振輝編著	180元
⑰塑造堅強的個性	坂上肇著	180元
⑱爲自己而活	佐藤綾子著	180元
⑲未來十年與愉快生活有約	船井幸雄著	180元

・精 選 系 列・電腦編號 25

①毛澤東與鄧小平	渡邊利夫等著	280元
②中國大崩裂	江戶介雄著	180元
③台灣・亞洲奇蹟	上村幸治著	220元
④7-ELEVEN高盈收策略	國友隆一著	180元
⑤台灣獨立	森　詠著	200元
⑥迷失中國的末路	江戶雄介著	220元
⑦2000年5月全世界毀滅	紫藤甲子男著	180元
⑧失去鄧小平的中國	小島朋之著	220元

・運 動 遊 戲・電腦編號 26

①雙人運動	李玉瓊譯	160元
②愉快的跳繩運動	廖玉山譯	180元
③運動會項目精選	王佑京譯	150元
④肋木運動	廖玉山譯	150元

⑤測力運動	王佑宗譯	150元

•休閒娛樂• 電腦編號 27

①海水魚飼養法	田中智浩著	300元
②金魚飼養法	曾雪玫譯	250元

•銀髮族智慧學• 電腦編號 28

①銀髮六十樂逍遙	多湖輝著	170元
②人生六十反年輕	多湖輝著	170元
③六十歲的決斷	多湖輝著	170元

•飲食保健• 電腦編號 29

①自己製作健康茶	大海淳著	220元
②好吃、具藥效茶料理	德永睦子著	220元
③改善慢性病健康茶	吳秋嬌譯	200元

•家庭醫學保健• 電腦編號 30

①女性醫學大全	雨森良彥著	380元
②初為人父育兒寶典	小瀧周曹著	220元
③性活力強健法	相建華著	200元
④30歲以上的懷孕與生產	李芳黛編著	元

•心靈雅集• 電腦編號 00

①禪言佛語看人生	松濤弘道著	180元
②禪密教的奧秘	葉逯謙譯	120元
③觀音大法力	田口日勝著	120元
④觀音法力的大功德	田口日勝著	120元
⑤達摩禪106智慧	劉華亭編譯	220元
⑥有趣的佛教研究	葉逯謙編譯	170元
⑦夢的開運法	蕭京凌譯	130元
⑧禪學智慧	柯素娥編譯	130元
⑨女性佛教入門	許俐萍譯	110元
⑩佛像小百科	心靈雅集編譯組	130元
⑪佛教小百科趣談	心靈雅集編譯組	120元
⑫佛教小百科漫談	心靈雅集編譯組	150元
⑬佛教知識小百科	心靈雅集編譯組	150元

⑭佛學名言智慧	松濤弘道著	220元
⑮釋迦名言智慧	松濤弘道著	220元
⑯活人禪	平田精耕著	120元
⑰坐禪入門	柯素娥編譯	150元
⑱現代禪悟	柯素娥編譯	130元
⑲道元禪師語錄	心靈雅集編譯組	130元
⑳佛學經典指南	心靈雅集編譯組	130元
㉑何謂「生」 阿含經	心靈雅集編譯組	150元
㉒一切皆空 般若心經	心靈雅集編譯組	150元
㉓超越迷惘 法句經	心靈雅集編譯組	130元
㉔開拓宇宙觀 華嚴經	心靈雅集編譯組	130元
㉕真實之道 法華經	心靈雅集編譯組	130元
㉖自由自在 涅槃經	心靈雅集編譯組	130元
㉗沈默的教示 維摩經	心靈雅集編譯組	150元
㉘開通心眼 佛語佛戒	心靈雅集編譯組	130元
㉙揭秘寶庫 密教經典	心靈雅集編譯組	130元
㉚坐禪與養生	廖松濤譯	110元
㉛釋尊十戒	柯素娥編譯	120元
㉜佛法與神通	劉欣如編著	120元
㉝悟（正法眼藏的世界）	柯素娥編譯	120元
㉞只管打坐	劉欣如編著	120元
㉟喬答摩・佛陀傳	劉欣如編著	120元
㊱唐玄奘留學記	劉欣如編著	120元
㊲佛教的人生觀	劉欣如編譯	110元
㊳無門關（上卷）	心靈雅集編譯組	150元
㊴無門關（下卷）	心靈雅集編譯組	150元
㊵業的思想	劉欣如編著	130元
㊶佛法難學嗎	劉欣如著	140元
㊷佛法實用嗎	劉欣如著	140元
㊸佛法殊勝嗎	劉欣如著	140元
㊹因果報應法則	李常傳編	140元
㊺佛教醫學的奧秘	劉欣如編著	150元
㊻紅塵絕唱	海 若著	130元
㊼佛教生活風情	洪丕謨、姜玉珍著	220元
㊽行住坐臥有佛法	劉欣如著	160元
㊾起心動念是佛法	劉欣如著	160元
㊿四字禪語	曹洞宗青年會	200元
51妙法蓮華經	劉欣如編著	160元
52根本佛教與大乘佛教	葉作森編	180元
53大乘佛經	定方晟著	180元
54須彌山與極樂世界	定方晟著	180元

㊺阿闍世的悟道	定方晟著	180元
㊻金剛經的生活智慧	劉欣如著	180元

・經　營　管　理・電腦編號01

◎創新經營六十六大計（精）	蔡弘文編	780元
①如何獲取生意情報	蘇燕謀譯	110元
②經濟常識問答	蘇燕謀譯	130元
④台灣商戰風雲錄	陳中雄著	120元
⑤推銷大王秘錄	原一平著	180元
⑥新創意・賺大錢	王家成譯	90元
⑦工廠管理新手法	琪　輝著	120元
⑨經營參謀	柯順隆譯	120元
⑩美國實業24小時	柯順隆譯	80元
⑪撼動人心的推銷法	原一平著	150元
⑫高竿經營法	蔡弘文編	120元
⑬如何掌握顧客	柯順隆譯	150元
⑭一等一賺錢策略	蔡弘文編	120元
⑯成功經營妙方	鐘文訓著	120元
⑰一流的管理	蔡弘文編	150元
⑱外國人看中韓經濟	劉華亭譯	150元
⑳突破商場人際學	林振輝編著	90元
㉑無中生有術	琪輝編著	140元
㉒如何使女人打開錢包	林振輝編著	100元
㉓操縱上司術	邑井操著	90元
㉔小公司經營策略	王嘉誠著	160元
㉕成功的會議技巧	鐘文訓編譯	100元
㉖新時代老闆學	黃柏松編著	100元
㉗如何創造商場智囊團	林振輝編譯	150元
㉘十分鐘推銷術	林振輝編譯	180元
㉙五分鐘育才	黃柏松編譯	100元
㉚成功商場戰術	陸明編譯	100元
㉛商場談話技巧	劉華亭編譯	120元
㉜企業帝王學	鐘文訓譯	90元
㉝自我經濟學	廖松濤編譯	100元
㉞一流的經營	陶田生編著	120元
㉟女性職員管理術	王昭國編譯	120元
㊱ＩＢＭ的人事管理	鐘文訓編譯	150元
㊲現代電腦常識	王昭國編譯	150元
㊳電腦管理的危機	鐘文訓編譯	120元
㊴如何發揮廣告效果	王昭國編譯	150元

㊵最新管理技巧	王昭國編譯	150元
㊶一流推銷術	廖松濤編譯	150元
㊷包裝與促銷技巧	王昭國編譯	130元
㊸企業王國指揮塔	松下幸之助著	120元
㊹企業精銳兵團	松下幸之助著	120元
㊺企業人事管理	松下幸之助著	100元
㊻華僑經商致富術	廖松濤編譯	130元
㊼豐田式銷售技巧	廖松濤編譯	180元
㊽如何掌握銷售技巧	王昭國編著	130元
㊿洞燭機先的經營	鐘文訓編譯	150元
52新世紀的服務業	鐘文訓編譯	100元
53成功的領導者	廖松濤編譯	120元
54女推銷員成功術	李玉瓊編譯	130元
55ＩＢＭ人才培育術	鐘文訓編譯	100元
56企業人自我突破法	黃琪輝編著	150元
58財富開發術	蔡弘文編著	130元
59成功的店舖設計	鐘文訓編著	150元
61企管回春法	蔡弘文編著	130元
62小企業經營指南	鐘文訓編譯	100元
63商場致勝名言	鐘文訓編譯	150元
64迎接商業新時代	廖松濤編譯	100元
66新手股票投資入門	何朝乾　編	200元
67上揚股與下跌股	何朝乾編譯	180元
68股票速成學	何朝乾編譯	200元
69理財與股票投資策略	黃俊豪編著	180元
70黃金投資策略	黃俊豪編著	180元
71厚黑管理學	廖松濤編譯	180元
72股市致勝格言	呂梅莎編譯	180元
73透視西武集團	林谷燁編譯	150元
76巡迴行銷術	陳蒼杰譯	150元
77推銷的魔術	王嘉誠譯	120元
7860秒指導部屬	周蓮芬編譯	150元
79精銳女推銷員特訓	李玉瓊編譯	130元
80企劃、提案、報告圖表的技巧	鄭　汶　譯	180元
81海外不動產投資	許達守編譯	150元
82八百伴的世界策略	李玉瓊譯	150元
83服務業品質管理	吳宜芬譯	180元
84零庫存銷售	黃東謙編譯	150元
85三分鐘推銷管理	劉名揚編譯	150元
86推銷大王奮鬥史	原一平著	150元
87豐田汽車的生產管理	林谷燁編譯	150元

・成功寶庫・電腦編號 02

①上班族交際術	江森滋著	100元
②拍馬屁訣竅	廖玉山編譯	110元
④聽話的藝術	歐陽輝編譯	110元
⑨求職轉業成功術	陳　義編著	110元
⑩上班族禮儀	廖玉山編著	120元
⑪接近心理學	李玉瓊編著	100元
⑫創造自信的新人生	廖松濤編著	120元
⑭上班族如何出人頭地	廖松濤編著	100元
⑮神奇瞬間瞑想法	廖松濤編譯	100元
⑯人生成功之鑰	楊意苓編著	150元
⑲給企業人的諍言	鐘文訓編著	120元
⑳企業家自律訓練法	陳　義編譯	100元
㉑上班族妖怪學	廖松濤編著	100元
㉒猶太人縱橫世界的奇蹟	孟佑政編著	110元
㉓訪問推銷術	黃靜香編著	130元
㉕你是上班族中強者	嚴思圖編著	100元
㉖向失敗挑戰	黃靜香編著	100元
㉙機智應對術	李玉瓊編著	130元
㉚成功頓悟100則	蕭京凌編譯	130元
㉛掌握好運100則	蕭京凌編譯	110元
㉜知性幽默	李玉瓊編譯	130元
㉝熟記對方絕招	黃靜香編譯	100元
㉞男性成功秘訣	陳蒼杰編譯	130元
㊱業務員成功秘方	李玉瓊編著	120元
㊲察言觀色的技巧	劉華亭編著	180元
㊳一流領導力	施義彥編譯	120元
㊴一流說服力	李玉瓊編著	130元
㊵30秒鐘推銷術	廖松濤編譯	150元
㊶猶太成功商法	周蓮芬編譯	120元
㊷尖端時代行銷策略	陳蒼杰編著	100元
㊸顧客管理學	廖松濤編著	100元
㊹如何使對方說Yes	程　羲編著	150元
㊺如何提高工作效率	劉華亭編著	150元
㊼上班族口才學	楊鴻儒譯	120元
㊽上班族新鮮人須知	程　羲編著	120元
㊾如何左右逢源	程　羲編著	130元
㊿語言的心理戰	多湖輝著	130元
51扣人心弦演說術	劉名揚編著	120元

㊸如何增進記憶力、集中力	廖松濤譯	130元
㊺性惡企業管理學	陳蒼杰譯	130元
㊻自我啟發200招	楊鴻儒編著	150元
㊼做個傑出女職員	劉名揚編著	130元
㊽靈活的集團營運術	楊鴻儒編著	120元
㊿個案研究活用法	楊鴻儒編著	130元
61企業教育訓練遊戲	楊鴻儒編著	120元
62管理者的智慧	程　義編譯	130元
63做個佼佼管理者	馬筱莉編譯	130元
64智慧型說話技巧	沈永嘉編譯	130元
66活用佛學於經營	松濤弘道著	150元
67活用禪學於企業	柯素娥編譯	130元
68詭辯的智慧	沈永嘉編譯	150元
69幽默詭辯術	廖玉山編譯	150元
70拿破崙智慧箴言	柯素娥編譯	130元
71自我培育・超越	蕭京凌編譯	150元
74時間即一切	沈永嘉編譯	130元
75自我脫胎換骨	柯素娥譯	150元
76贏在起跑點—人才培育鐵則	楊鴻儒編譯	150元
77做一枚活棋	李玉瓊編譯	130元
78面試成功戰略	柯素娥編譯	130元
79自我介紹與社交禮儀	柯素娥編譯	150元
80說NO的技巧	廖玉山編譯	130元
81瞬間攻破心防法	廖玉山編譯	120元
82改變一生的名言	李玉瓊編譯	130元
83性格性向創前程	楊鴻儒編譯	130元
84訪問行銷新竅門	廖玉山編譯	150元
85無所不達的推銷話術	李玉瓊編譯	150元

・處 世 智 慧・電腦編號 03

①如何改變你自己	陸明編譯	120元
⑥靈感成功術	譚繼山編譯	80元
⑧扭轉一生的五分鐘	黃柏松編譯	100元
⑩現代人的詭計	林振輝譯	100元
⑫如何利用你的時間	蘇遠謀譯	80元
⑬口才必勝術	黃柏松編譯	120元
⑭女性的智慧	譚繼山編譯	90元
⑮如何突破孤獨	張文志編譯	80元
⑯人生的體驗	陸明編譯	80元
⑰微笑社交術	張芳明譯	90元

⑱幽默吹牛術	金子登著	90元
⑲攻心說服術	多湖輝著	100元
⑳當機立斷	陸明編譯	70元
㉑勝利者的戰略	宋恩臨編譯	80元
㉒如何交朋友	安紀芳編著	70元
㉓鬥智奇謀（諸葛孔明兵法）	陳炳崑著	70元
㉔慧心良言	亦　奇著	80元
㉕名家慧語	蔡逸鴻主編	90元
㉗稱霸者啟示金言	黃柏松編譯	90元
㉘如何發揮你的潛能	陸明編譯	90元
㉙女人身態語言學	李常傳譯	130元
㉚摸透女人心	張文志譯	90元
㉛現代戀愛秘訣	王家成譯	70元
㉜給女人的悄悄話	妮倩編譯	90元
㉞如何開拓快樂人生	陸明編譯	90元
㉟驚人時間活用法	鐘文訓譯	80元
㊱成功的捷徑	鐘文訓譯	70元
㊲幽默逗笑術	林振輝著	120元
㊳活用血型讀書法	陳炳崑譯	80元
㊴心　燈	葉于模著	100元
㊵當心受騙	林顯茂譯	90元
㊶心・體・命運	蘇燕謀譯	70元
㊷如何使頭腦更敏銳	陸明編譯	70元
㊸宮本武藏五輪書金言錄	宮本武藏著	100元
㊺勇者的智慧	黃柏松編譯	80元
㊼成熟的愛	林振輝譯	120元
㊽現代女性駕馭術	蔡德華著	90元
㊾禁忌遊戲	酒井潔著	90元
㊿摸透男人心	劉華亭編譯	80元
53如何達成願望	謝世輝著	90元
54創造奇蹟的「想念法」	謝世輝著	90元
55創造成功奇蹟	謝世輝著	90元
56男女幽默趣典	劉華亭譯	90元
57幻想與成功	廖松濤譯	80元
58反派角色的啟示	廖松濤編譯	70元
59現代女性須知	劉華亭編著	75元
61機智說話術	劉華亭編譯	100元
62如何突破內向	姜倩怡編譯	110元
64讀心術入門	王家成編譯	100元
65如何解除內心壓力	林美羽編著	110元
66取信於人的技巧	多湖輝著	110元

㊼如何培養堅強的自我	林美羽編著	90元
㊽自我能力的開拓	卓一凡編著	110元
㊿縱橫交涉術	嚴思圖編著	90元
71如何培養妳的魅力	劉文珊編著	90元
72魅力的力量	姜倩怡編著	90元
75個性膽怯者的成功術	廖松濤編譯	100元
76人性的光輝	文可式編著	90元
79培養靈敏頭腦秘訣	廖玉山編著	90元
80夜晚心理術	鄭秀美編譯	80元
81如何做個成熟的女性	李玉瓊編著	80元
82現代女性成功術	劉文珊編著	90元
83成功說話技巧	梁惠珠編譯	100元
84人生的真諦	鐘文訓編譯	100元
85妳是人見人愛的女孩	廖松濤編著	120元
87指尖・頭腦體操	蕭京凌編譯	90元
88電話應對禮儀	蕭京凌編著	120元
89自我表現的威力	廖松濤編譯	100元
90名人名語啟示錄	喬家楓編著	100元
91男與女的哲思	程鐘梅編譯	110元
92靈思慧語	牧 風著	110元
93心靈夜語	牧 風著	100元
94激盪腦力訓練	廖松濤編譯	100元
95三分鐘頭腦活性法	廖玉山編譯	110元
96星期一的智慧	廖玉山編譯	100元
97溝通說服術	賴文琇編譯	100元
98超速讀超記憶法	廖松濤編譯	140元

・健康與美容・電腦編號 04

③媚酒傳（中國王朝秘酒）	陸明主編	120元
④藥酒與健康果菜汁	成玉主編	150元
⑤中國回春健康術	蔡一藩著	100元
⑥奇蹟的斷食療法	蘇燕謀譯	110元
⑧健美食物法	陳炳崑譯	120元
⑨驚異的漢方療法	唐龍編著	90元
⑩不老強精食	唐龍編著	100元
⑫五分鐘跳繩健身法	蘇明達譯	100元
⑬睡眠健康法	王家成譯	80元
⑭你就是名醫	張芳明譯	90元
⑮如何保護你的眼睛	蘇燕謀譯	70元
⑲釋迦長壽健康法	譚繼山譯	90元

大展好書 好書大展

大展好書 好書大展